NORBERT PAUTNER

71½ SCHRECKLICH SCHÖNE
MONSTER
MALEN

Bassermann

ISBN: 978-3-8094-4076-5

1. Auflage

© 2019 by Bassermann Verlag, einem Unternehmen der Verlagsgruppe Random House GmbH, Neumarkter Str. 28, 81673 München

Idee und Gesamtgestaltung: Norbert Pautner, Berlin
Mitarbeit: Ogan Tatlici
Projektleitung: Birte Dittmann
Herstellung: Angelika Tröger

Druck und Bindung: Alföldi Nyomda Zrt., Debrecen
Printed in Hungary

Verlagsgruppe Random House FSC® N001967

Inhaltsverzeichnis

MONSTER FINDEN UND MALEN

Monster finden und malen

Kleine Ungeheuer suchen und entdecken

Monster gibt es überall: im Park, bei dir zu Hause, am Strand und sogar in der Schule. Du musst nur aufmerksam lauschen und genau hinsehen, dann kannst du vielleicht eines aus dem Augenwinkel beobachten. Wenn du glaubst, du hättest so ein kleines Ungeheuer gefunden, musst du erst einmal unbeirrt in die entgegengesetzte Richtung gucken. Monster rechnen nämlich nicht damit, nicht angestarrt zu werden. Dann wird es neugierig und lässt sich durch Buntstifte oder Wachsmalkreiden anlocken. Du solltest also immer etwas zum Malen dabeihaben, wenn du auf Monsterjagd gehst. Und wenn du sie dann regelmäßig mit ihrer Lieblingsspeise versorgst, kannst du sie eines Tages vielleicht sogar zähmen – wer weiß?

Malen mit Stiften

Monster lieben Buntstifte und Wachsmalkreiden – damit du mit diesen Stiften schöne Bilder malen kannst, sind hier ein paar Tipps für dich.

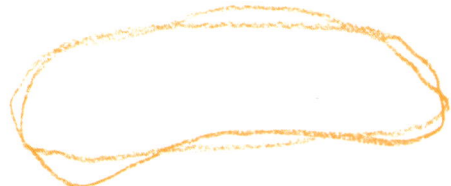

Eine Form muss nicht von Anfang an perfekt sein. So kannst du dich an die beste Form herantasten: Zeichne ihren Umriss grob vor – das kannst du auch mit mehreren Linien tun.

Male dann die Fläche innerhalb des Umrisses aus. Es ist nicht schlimm, wenn du mal über den Rand hinaus malst.

Die Lücken und Zickzacklinien am Rand kannst du zum Schluss ausfüllen. Und du kannst auch noch kleinere Löcher in der Farbfläche ausbessern.

Wenn du zu fest aufdrückst, verschließt du die Papieroberfläche schon mit der ersten Farbe und die Muster, die du später darauf malen willst, sind später nicht gut zu erkennen.

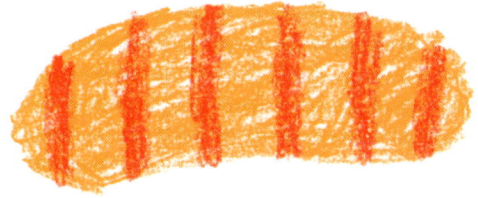

Darum solltest du erst einmal nicht so fest aufdrücken, dann haften auch die weiteren Farben ganz gut auf der ersten Farbfläche.

Um eine Farbe so dunkel zu malen, wie du es möchtest, brauchst du nicht fest aufzudrücken. Male die Fläche einfach mehrmals mit der gleichen Farbe aus.

Monster malen

Damit du die Monster prima nachmalen kannst, folgen die Schritt-für-Schritt-Anleitungen in diesem Buch dem Malprinzip von Seite 5.

1. Zuerst die Umrisse zeichnen, dann die Flächen ausmalen.

2. Erst die hellen Muster, dann die dunkleren Flächen drumherum malen.

3. Dunkle Muster kannst du auf helle Flächen draufmalen.

Mehr Monster malen

Wenn du möchtest, kannst du ganz leicht noch viel mehr Ungeheuer als die 71½ Monster in diesem Buch malen. Wie das geht, siehst du hier.

Am allereinfachsten ist es, wenn du für dein eigenes Monster andere Farben als die im Buch vorgeschlagenen verwendest.

Oder du bastelst dir aus zwei Monstern einfach ein neues.

Und jetzt viel Spaß beim Entdecken deines Lieblingsmonsters!

Zoppopopp

Das Zoppopopp ist ein Waldbewohner und frisst so ziemlich alles, was auf dem Waldboden herumliegt. Meist frisst es ununterbrochen, denn es benötigt nur wenig Schlaf. Es muss nur aufpassen, dass es von den Tieren des Waldes nicht für einen Pilz oder eine Nuss gehalten wird.

Tsekbek

Tsekbeks leben in Nadelwäldern und sind sehr scheu. Flink springen sie von Ast zu Ast, bis sie eine geeignete Stelle für ein Nickerchen gefunden haben. Ein Tsekbek braucht nämlich viele über den Tag verteilte kleine Schläfchen, da es vom vielen Herumspringen sehr schnell erschöpft ist.

Streifenflunk

Der Streifenflunk lebt im Wald. Er fliegt von Baum zu Baum und macht dabei alle Geräusche, die er hört, nach: Vogelstimmen, knackende Äste oder auch klackernde Wanderstöcke. Da er durch seinen grünen Streifen gut getarnt ist, sorgt er so für viel Verwirrung im Wald.

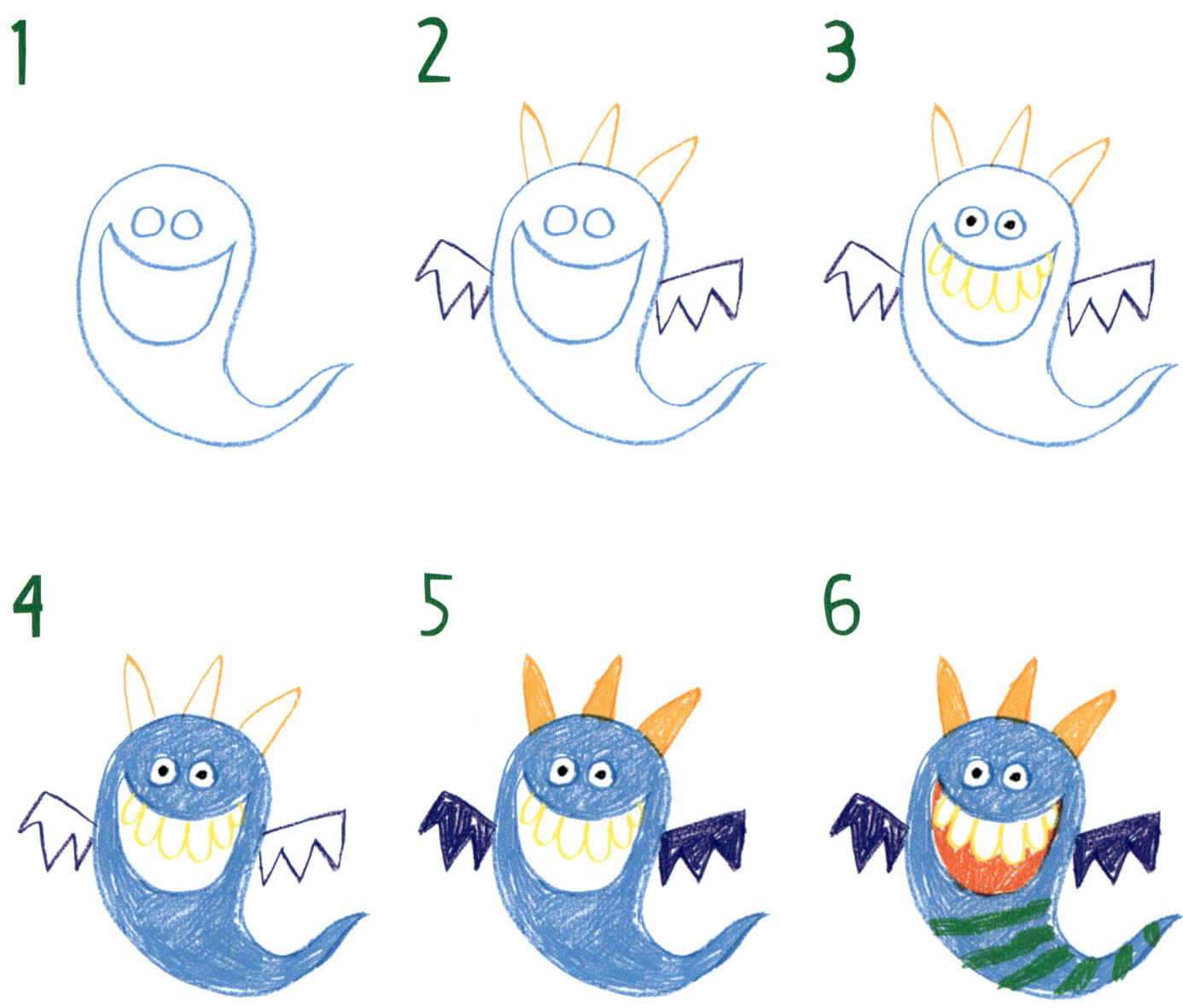

Punkteflunk

Als ein enger Verwandter des Streifenflunks plappert auch der Punkte-flunk alles nach, was er zu Gehör bekommt. Doch sein Lebensraum ist die Wiese, das erklärt auch seine bunten Punkte: Sie lassen ihn zwischen den bunten Blumen im Gras fast unsichtbar werden.

Panpan

Den Panpan findet man heute nur noch selten. Er ist ein Waldtier, sucht aber die Nähe des Menschen, denn er fühlt sich von lustigen, spannenden oder gruseligen Geschichten magisch angezogen. Darum kann man einen Panpan auch anlocken, wenn man mitten im Wald ein gutes Buch vorliest.

1
2
3
4
5
6

Pönpön

Trotz des ähnlich klingenden Namens ist das Pönpön nicht mit dem Panpan verwandt. Sein Lebensraum sind Parks und Gärten. Dort steht es mit dem Hintern gegen den Wind ausgerichtet und versucht, möglichst nicht aufzufallen. Selbst bei Regen bleibt es völlig unbeweglich.

Olaf Trockenbröd

Olaf Trockenbröd ist eigentlich ein Wiesenpusch (siehe auch: Waldpusch, Streifenpusch). Eines Tages hatte er keine Lust mehr, Libellen zu erschrecken und Schafgarbe zu essen, sondern wollte lieber ein Wikinger sein. Unter den Wald- und Wiesenmonstern genießt er eine gewisse Berühmtheit.

Sven Löflbiskwit

Sven Löfflbiskwit ist ein Riesenmuff (siehe auch: Muff) und Olaf Trocken-
bröds bester Freund. Darum möchte er auch gerne ein Wikinger sein. Er
ist ein ziemlich guter Schwimmer und hofft, dass auch Olaf eines Tages
das Schwimmen lernt, damit sie gemeinsam zur See fahren können.

Törfossn

Das Törfossn spielt den ganzen Tag Verstecken – mit sich selbst. Dabei huscht es hin und her und versteckt sich hinter Tischbeinen und Türen. Wenn man nicht aufpasst und genau hinsieht, kann man sich darum leicht einen Zeh am Törfossn stoßen.

Slapseflats

Das Slapseflats lebt unter Sofas und Schränken. Es ist ziemlich neugierig, darum kommt es immer hervor, wenn jemand an seinem Versteck vorbeigeht. Da kann es dann passieren, dass du über ein Slapseflats stolperst – doch wenn du hinguckst, ist es auch schon wieder weg.

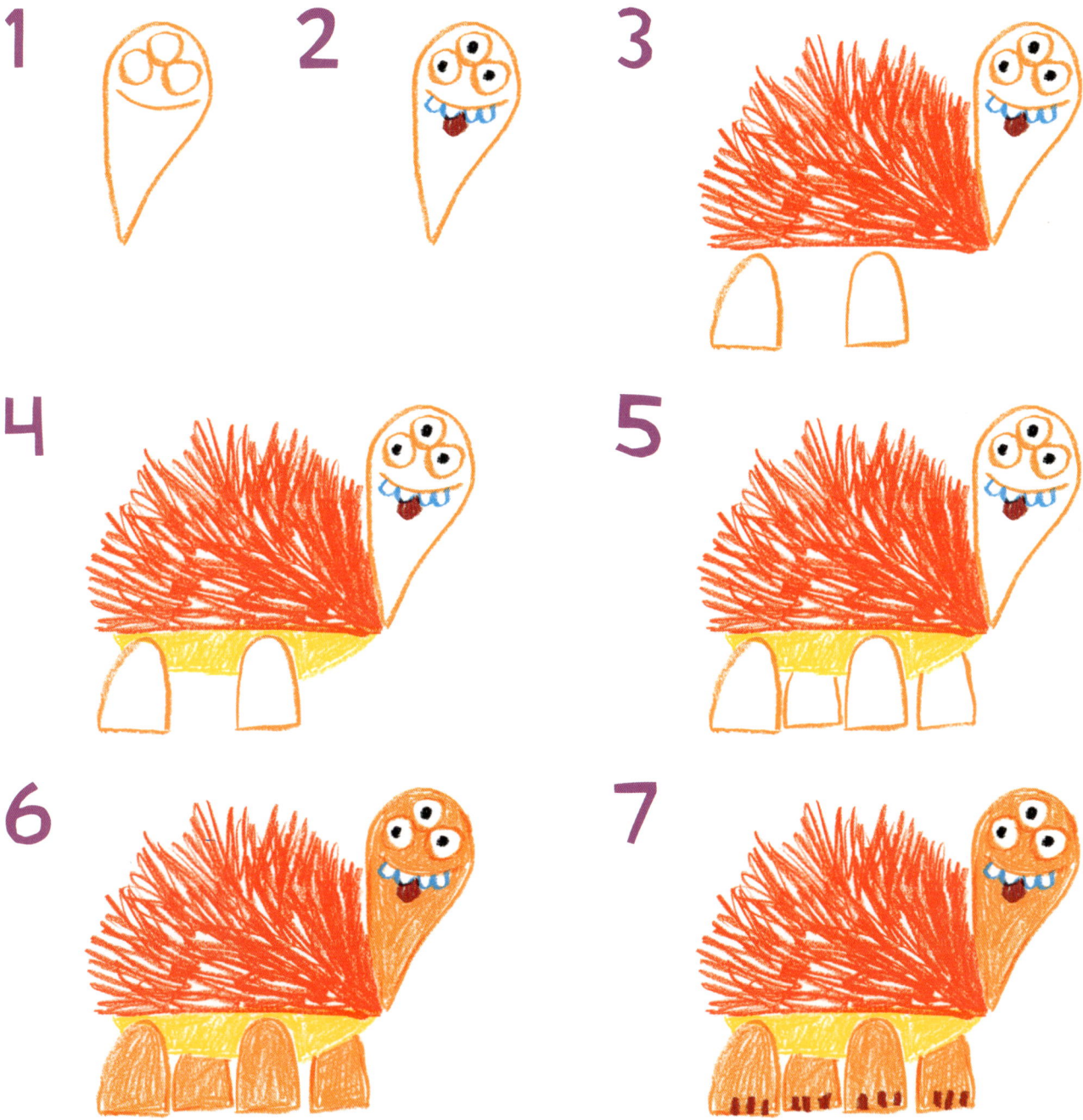

Fibbelfit

Ein Fibbelfit benötigt eine feuchte, besser noch nasse Umgebung, damit es sich wohlfühlt. So verbringt es viel Zeit in Abflüssen und Wasserleitungen. Diese verstopfen dann, oder das Wasser kommt heiß statt kalt aus der Brause (oder umgekehrt).

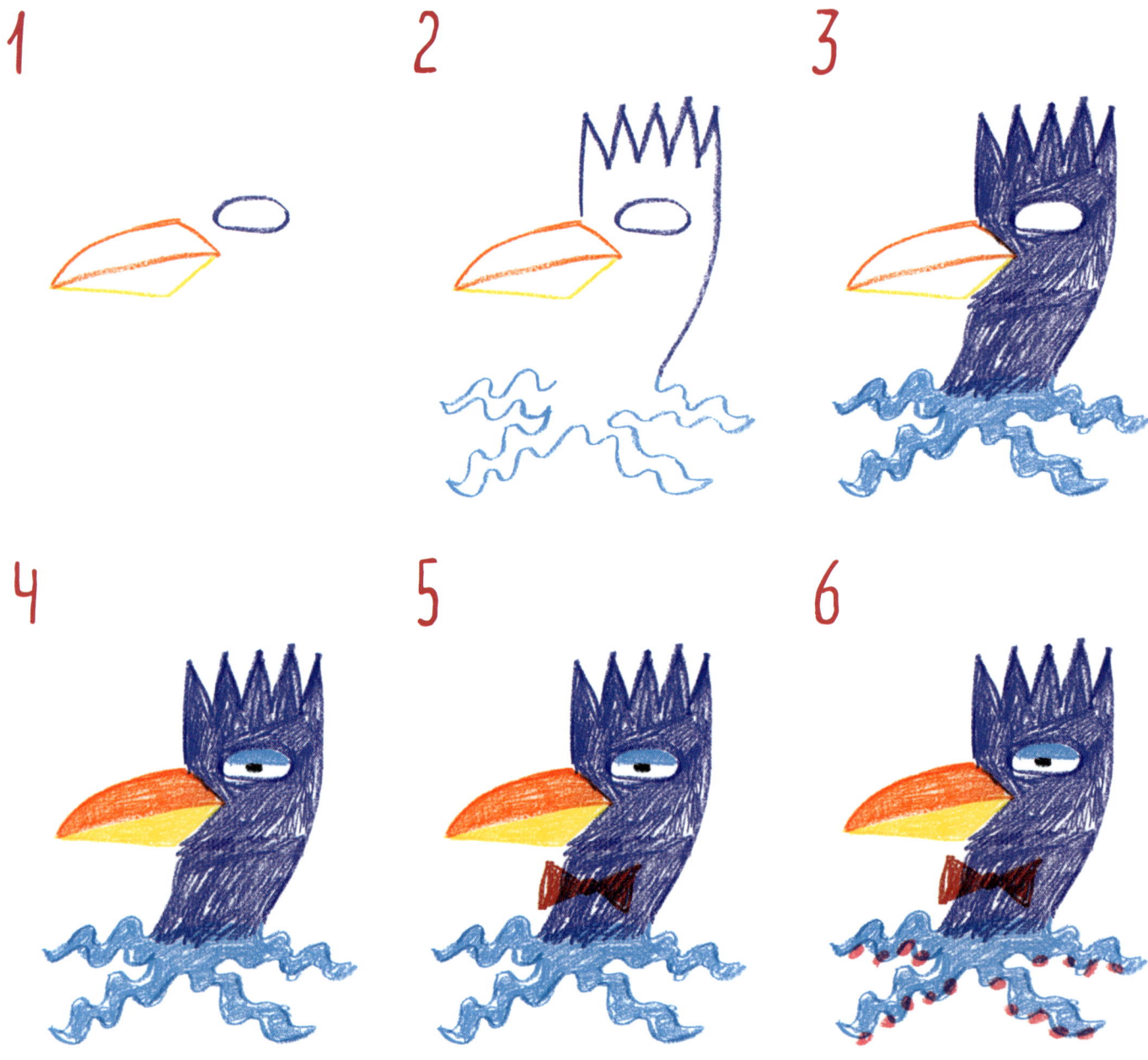

Wrutniks sind sehr klein und mit dem bloßen Auge kaum zu erkennen. Sie leben in Steckdosen und hinter Lichtschaltern. Von dort aus machen sie gerne Ausflüge in allerlei elektrische Geräte. Diese funktionieren dann nicht, solange ein Wrutnick zu Besuch ist.

Waldpusch

Der Waldpusch lebte ursprünglich in Wäldern, heute findet man ihn haupt-
sächlich in Gärten von Einfamilienhäusern. Dort wälzt er sich in Laub und
Erde, denn das hält ihn schön warm. Doch wenn es draußen zu kalt wird,
schlüpft er ins Haus und trägt dabei eine Menge Dreck hinein.

Troppschlopp

Wahrscheinlich wohnt auch in deinem Flur ein Troppschlopp. Tagsüber schläft es meist unter dem Schuhregal, wo es alles Tropfwasser aufsaugt, das hereingetragen wird. Sobald es dunkel wird, verteilt das nachtaktive Troppschlopp dann das aufgesaugte Wasser im gesamten Flur.

Klappadonk

Der Kalappadonk ist vor allem eines: ungeschickt. Er kann nichts fest-
halten, ohne dass es ihm aus den viel zu großen Händen fällt. Trotzdem
muss er alles anfassen und neugierig beschnuppern. Wenn dann etwas
hinfällt und kaputtgeht, macht er sich ruckzuck unsichtbar.

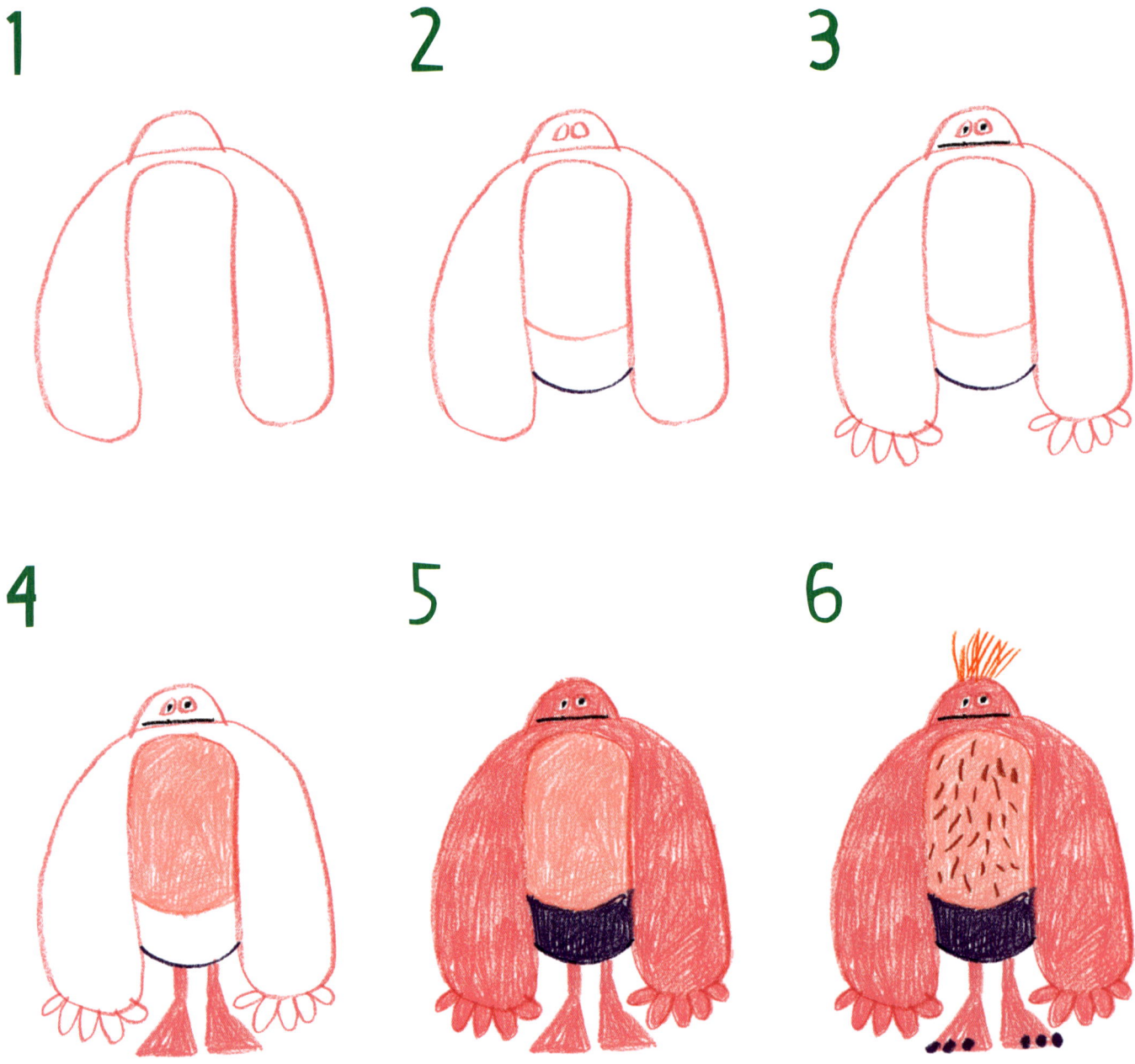

Socko

Von Zeit zu Zeit schleicht sich das Socko nachts heimlich in Sockenschub-
laden und zieht sich dort eine einzelne Socke an. Mit der verschwindet es
dann in seinem Nest – bisher ist allerdings unbekannt, wo im Haus sich
solche Sockonester befinden oder was mit den Socken dort geschieht.

Fleckentöffel

Ein Fleckentöffel ist ein äußerst ängstliches und scheues Monster. Darum sucht es sich immer etwas Saft, Suppe oder Tinte, saugt ein wenig von der Flüssigkeit ein und spritzt diese dann überall hin. So bleibt es dank seiner Flecken gut getarnt und wird nicht so schnell entdeckt.

Ringelsockendödel

Ringelsockendödel wohnen bevorzugt in der Sockenschublade. Sie lieben bunt geringelte Strümpfe über alles und polstern mit ihnen ihr Nest in der hintersten Ecke der Schublade aus. Bekommen sie mal Besuch von einem Socko, verteidigen sie ihre Lieblingsstrümpfe mit viel Geschrei.

Permapautz

Ein Permapautz wohnt gerne oben im Haus: auf dem Dachboden oder im Kamin. Nachts schlägt es sich häufig mit dem Schwanzende auf den Bauch, den es zu diesem Zweck bis auf das Dreifache seiner Größe aufpumpen kann. Leider hat ein Permapautz gar kein Gefühl für Takt oder Rhythmus.

Pustepiet

Ein Pustepiet hält sich gerne im Erdgeschoss oder im Keller eines Hauses auf. Dort vergnügt er sich damit, mit seiner Nase laute und schrille Trompetentöne zu erzeugen. Bis heute hat man einen Pustepiet noch nie eine Melodie spielen hören – immer nur einzelne, schräge Töne.

Dieselflocko

Wer ein Dieselflocko zu Hause hat, hat ein Problem: Es hinterlässt überall seine kleinen schmutzigen Fußabdrücke, vor allem auf hellen Gegenständen. Woher ein Dieselflocko kommt und wie man es wieder loswird, ist ein großes Rätsel, das noch kein Wissenschaftler lösen konnte.

Stünk

Über das Stünk weiß man kaum etwas. Auch hat niemand bisher ein Stünk zu Gesicht bekommen – allerdings weiß man nicht, ob das daher kommt, dass es sich unsichtbar machen kann, oder ob es sich einfach nur sehr schnell bewegt. Was man allerdings sehr genau weiß: Es stinkt.

Brekkelik

Brekkeliks mögen Kekse. Mit ihren robusten Zähnen können sie sogar mehrere Wochen alte, steinharte Kräcker mampfen. Weil sie aber mit offenem Mund kauen, hinterlassen sie dabei überall kleinste, piksende Krümel. Das ist sehr unangenehm, wenn man barfuß durchs Haus geht.

Fiddelfaden

Der Fiddelfaden ist ein bisschen verrückt. Normalerweise lebt er still und genügsam unter Schränken, Betten und Sofas. Doch wenn er eine Schnur sieht, muss er sofort einen oder mehrere Knoten hineinmachen. Am allerliebsten macht er übrigens dicke Knoten in Schnürsenkel.

Frierfritze

Eine Frierfritze hält sich am liebsten im Kühlschrank auf, denn da ist es so schön kalt und dunkel, wenn die Tür zugeht. Doch manchmal wird es ihr dort auch zu kalt, dann hüpft sie in jedes heiße Getränk, das sie findet und kühlt es im Handumdrehen auf Zimmertemperatur herunter.

1

2

3

4

5

6

Rüffeltüffel

Der natürliche Lebensraum eines Rüffeltüffels ist die Küche. Dort tarnt es sich als Küchengerät und fällt nicht weiter auf. Allerdings macht diese Tarnung das Rüffeltüffel auch sehr ungelenkig und ungeschickt, sodass es gegen alle möglichen Gegenstände stößt und auch mal etwas verschüttet.

Pommstuute

Die Pommstuute ist eine entfernte Verwandete der Hatschituute. Sie holt nachts heimlich Fastfoodverpackungen aus dem Müll, denn sie liebt den Geruch von Frittierfett. Wenn sie sich daran satt gerochen hat, lässt sie die Verpackungen einfach im ganzen Haus herumliegen.

Buddelwegg

Der Buddelwegg besitzt eine unerklärliche Zuneigung zu Pfandflaschen, ganz gleich, ob sie aus Plastik oder Glas sind. Wo immer er sie im Haus findet, nimmt er sie an sich und versteckt sie im Keller, unter Küchenschränken oder hinter offenstehenden Türen.

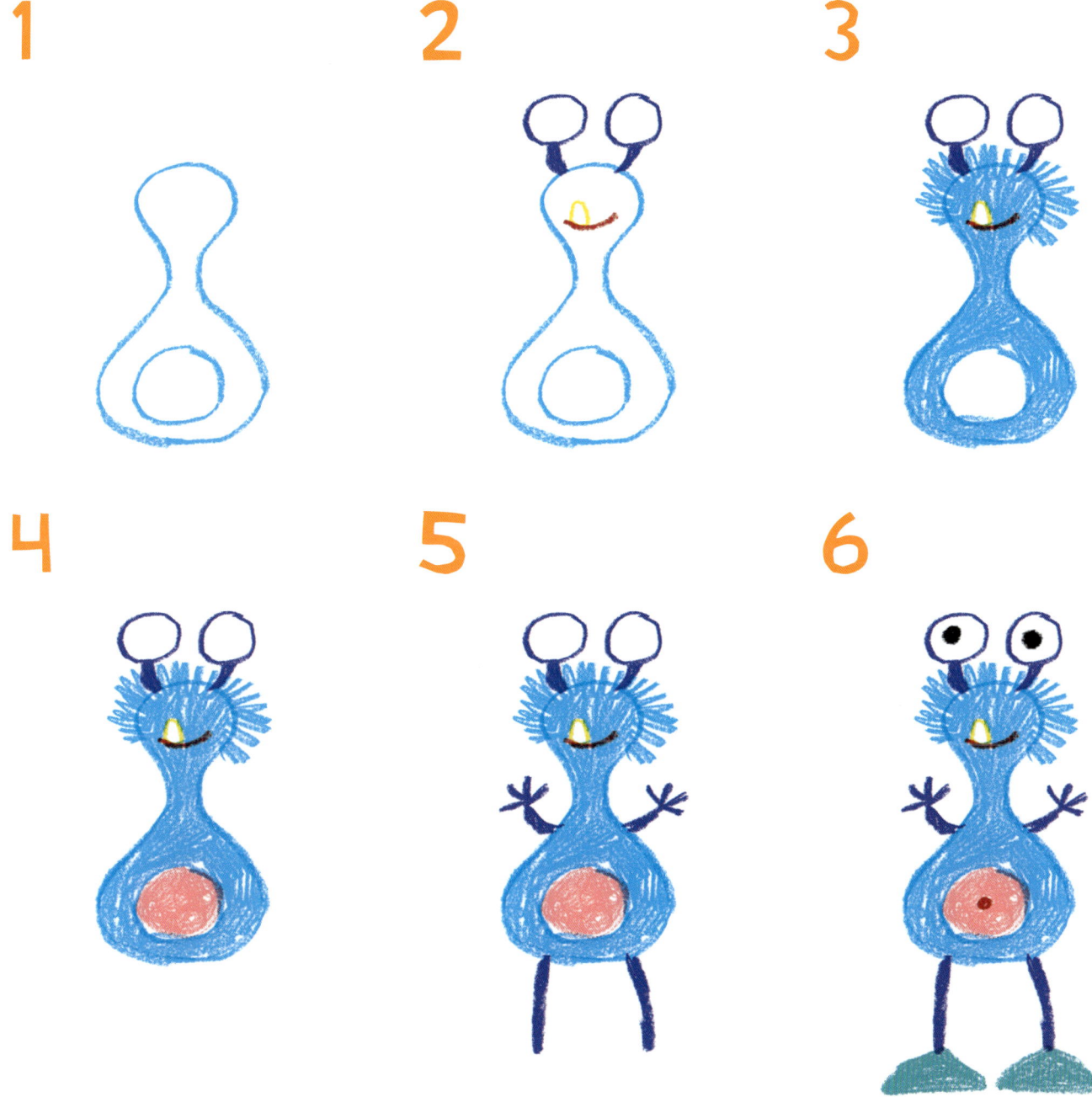

Kawalla

Eine Kawalla ist an sich harmlos, denn sie ernährt sich ausschließlich von Wasserdampf, der beim Kochen entsteht. Allerdings schläft sie nachts gerne im Vorratsschrank, was dazu führt, dass alle knusprigen Nahrungsmittel matschig werden.

Krokrokant

Wie die Kawalla lebt auch der Krokrokant in der Küche und ernährt sich von Feuchtigkeit. Allerdings holt er diese nicht aus der Luft, sondern aus den Lebensmitteln. So findet man ihn häufig im Brotkasten. Aber auch im Kühlschrank macht er oft und gern Weiches hart.

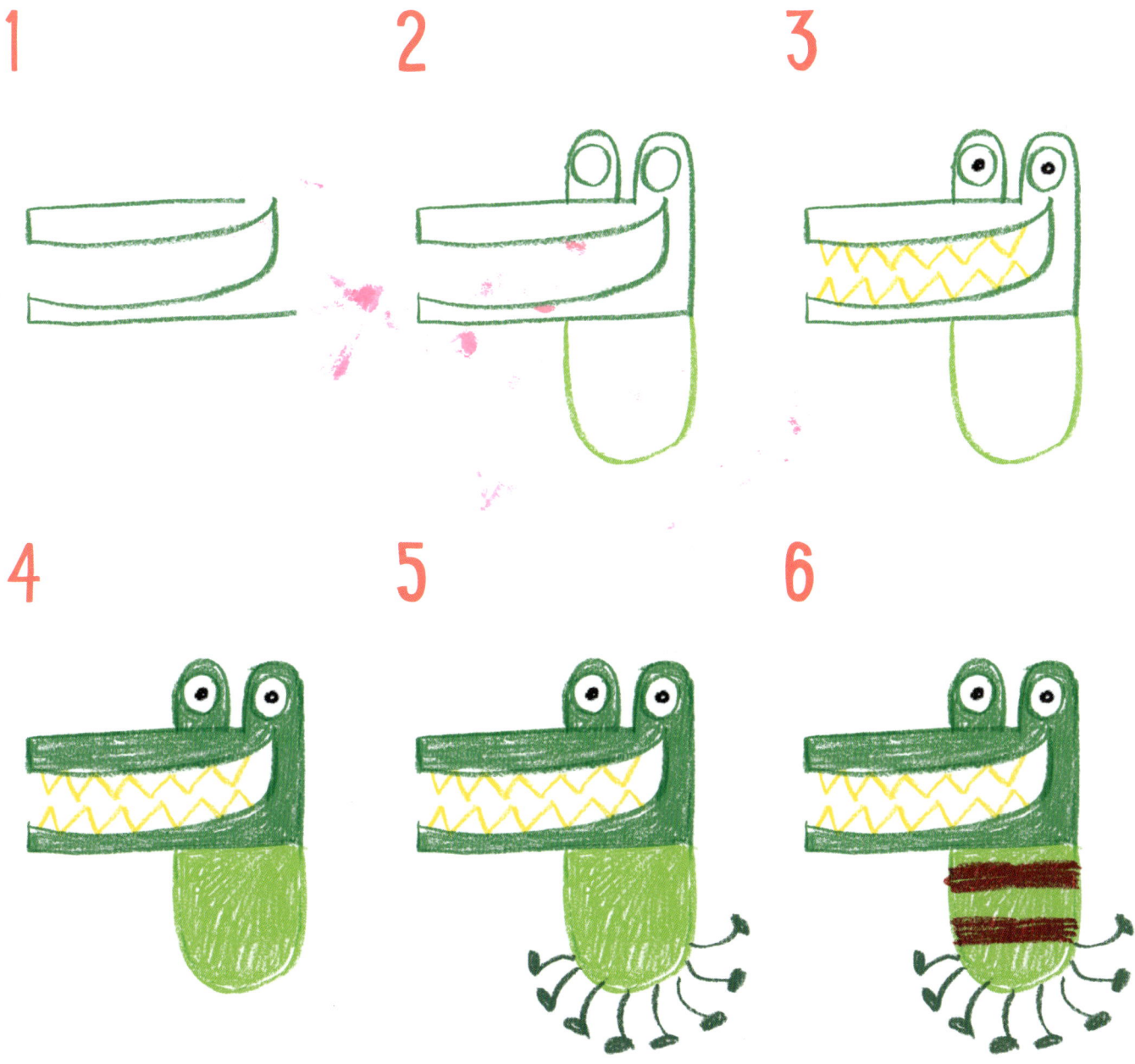

Hinnowecko

Der Hinnowecko ist eines der wenigen Monster, das Winterschlaf hält. Denn er findet nur im Sommer etwas zu fressen: Er ernährt sich von Eiscreme. Um an das Eis zu kommen, macht er sich unsichtbar und zupft kleine Kinder so lange am Ärmel, bis sie ihr Eis fallen lassen.

1 **2** **3**

4 **5** **6**

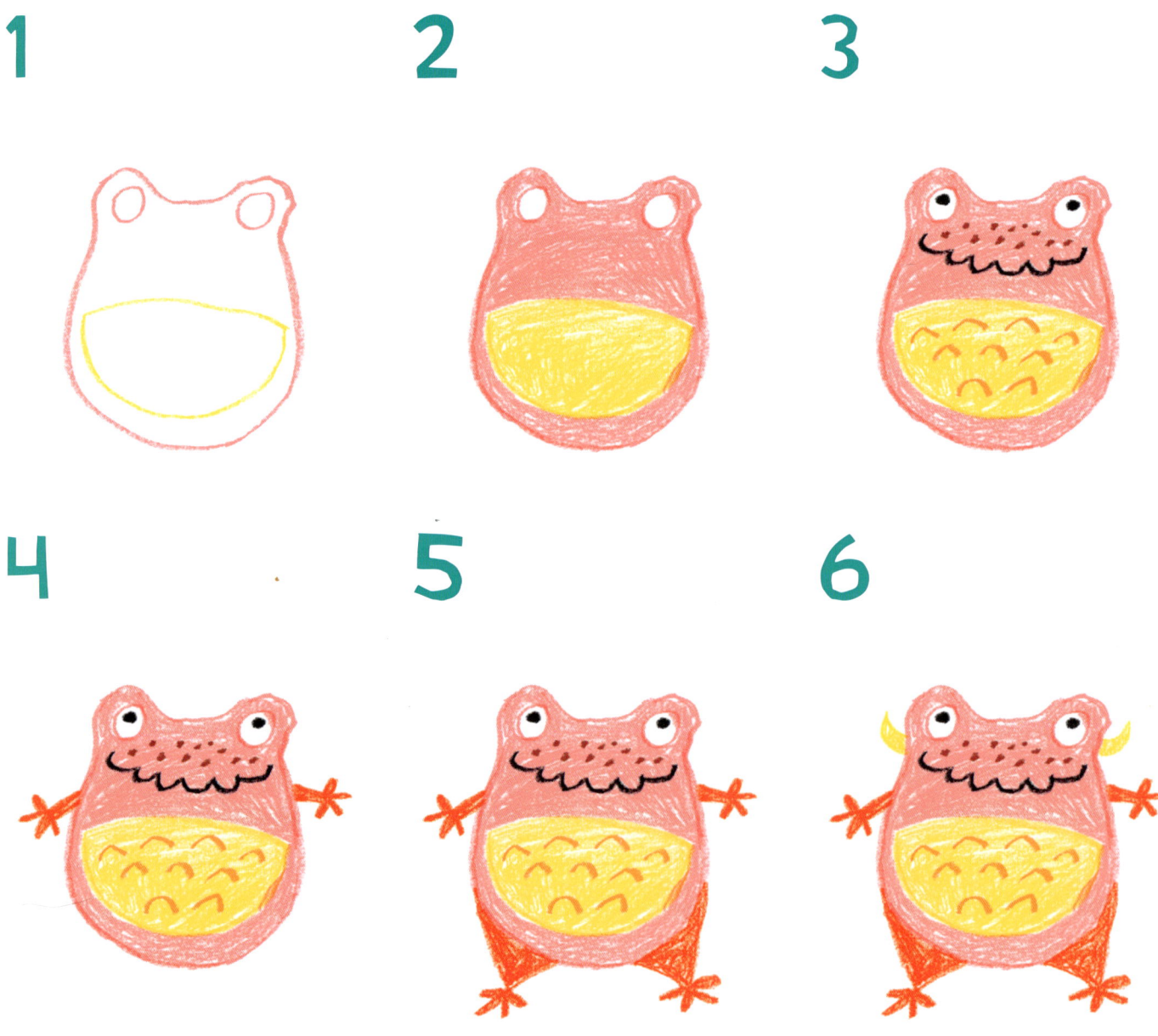

Klopskop

Der Klopskop wohnt in Fastfoodrestaurants und Imbissbuden. Dort macht er sich unsichtbar und setzt sich auf deinen Bauch, sodass du dich plötzlich ganz satt fühlst. Dann kann sich der Klopskop über die übriggebliebenen Würstchen, Pommes und Hamburger hermachen.

Hatschituute

Wenn keiner guckt, stibitzt die Hatschituute Papiertaschentücher, wo immer sie diese findet. Nachts spaziert sie dann durch die Wohnung, putzt sich laut die Nase, sodass alle davon aufwachen, und verteilt überall ihre ekligen, zerknüllten Taschentücher.

Fusselpusch

Das Fusselpusch lebt gerne unter Kinderbetten, unter denen es sehr staubig ist. Es sammelt Wollmäuse, mit denen es kuschelt, wenn es dunkel wird. Ansonsten ist es sehr genügsam und ernährt sich von heruntergefallenen Essensresten.

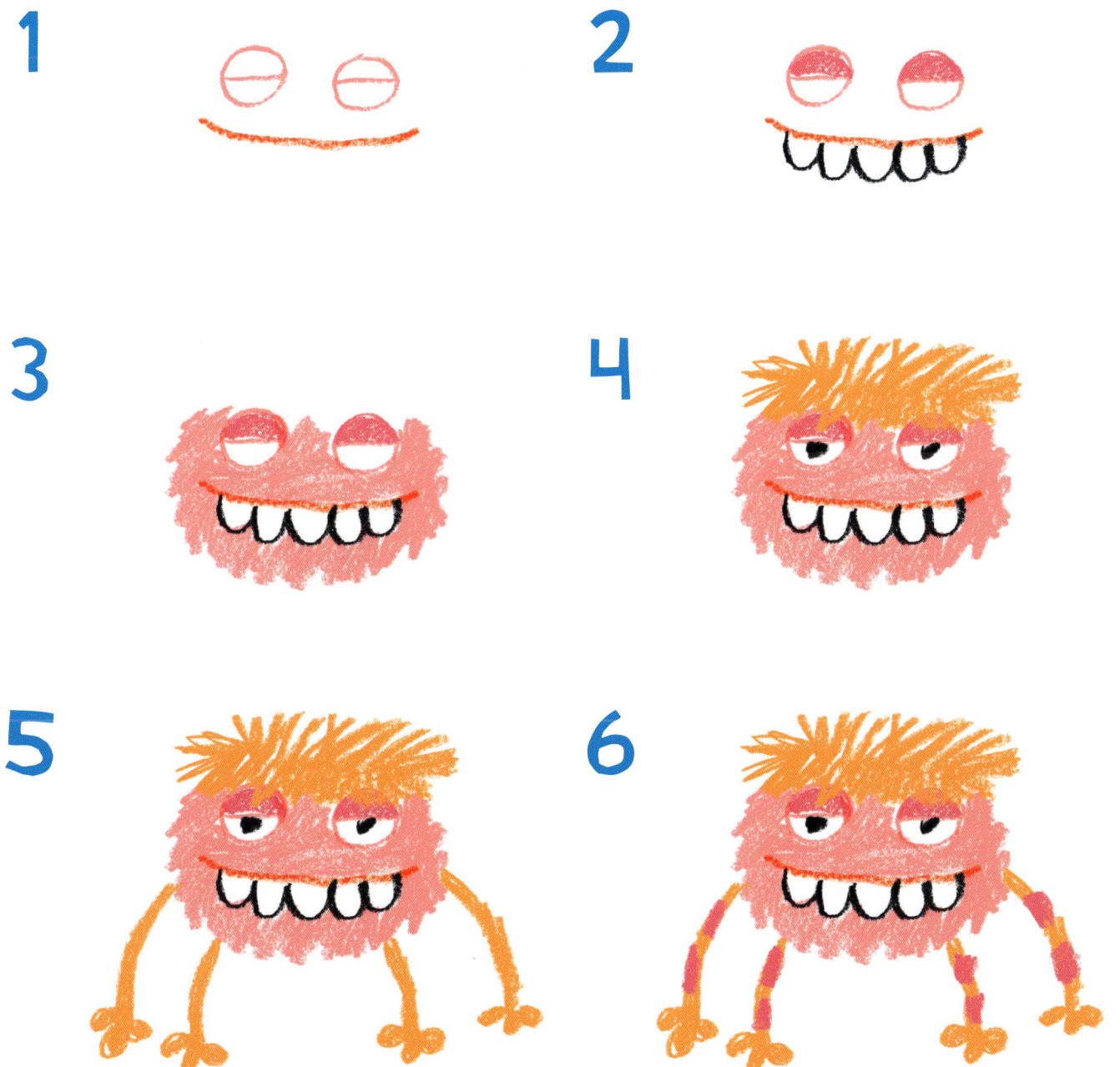

Abendflatta

Die Abendflatta schläft den ganzen Tag – und auch die ganze Nacht. Wenn
es dunkel wird, wacht sie auf und ist für einige wenige Stunden aktiv.
Dann flattert sie vor lampen hin und her und wirft große, gruselige
Schatten an die Wand. Dabei ist sie selbst keine fünf Zentimeter groß.

Hysch

Der Hysch schläft tagsüber hinter Schränken oder unter Betten. Am Abend wird er wach – und neugierig. Jetzt will er sehen, was draußen vor sich geht, und klettert aufs Fensterbrett. Dann drückt er sein Gesicht an der Fensterscheibe platt und schlägt klappernd mit seinem Geweih dagegen.

Psott

Den Psott findet man häufig auf Dachböden und in Gartenschuppen. Dort fliegt er vor allem nachts umher und stößt dabei geräuschvoll gegen die Wände. Das macht ihm aber nichts aus, denn zum Fliegen muss er sich aufblasen, so ist er gut gepolstert.

Ähnlich wie ein Psott kann sich ein Fluuflupp kugelrund aufblasen. So ist es gut geschützt, wenn es im Keller gegen Wände oder Gerümpel stößt. Allerdings kann es nie lange die Luft anhalten, weshalb man im Keller auch ein leises Pfeifen hören kann, wenn das Fluuflupp ein- und ausatmet.

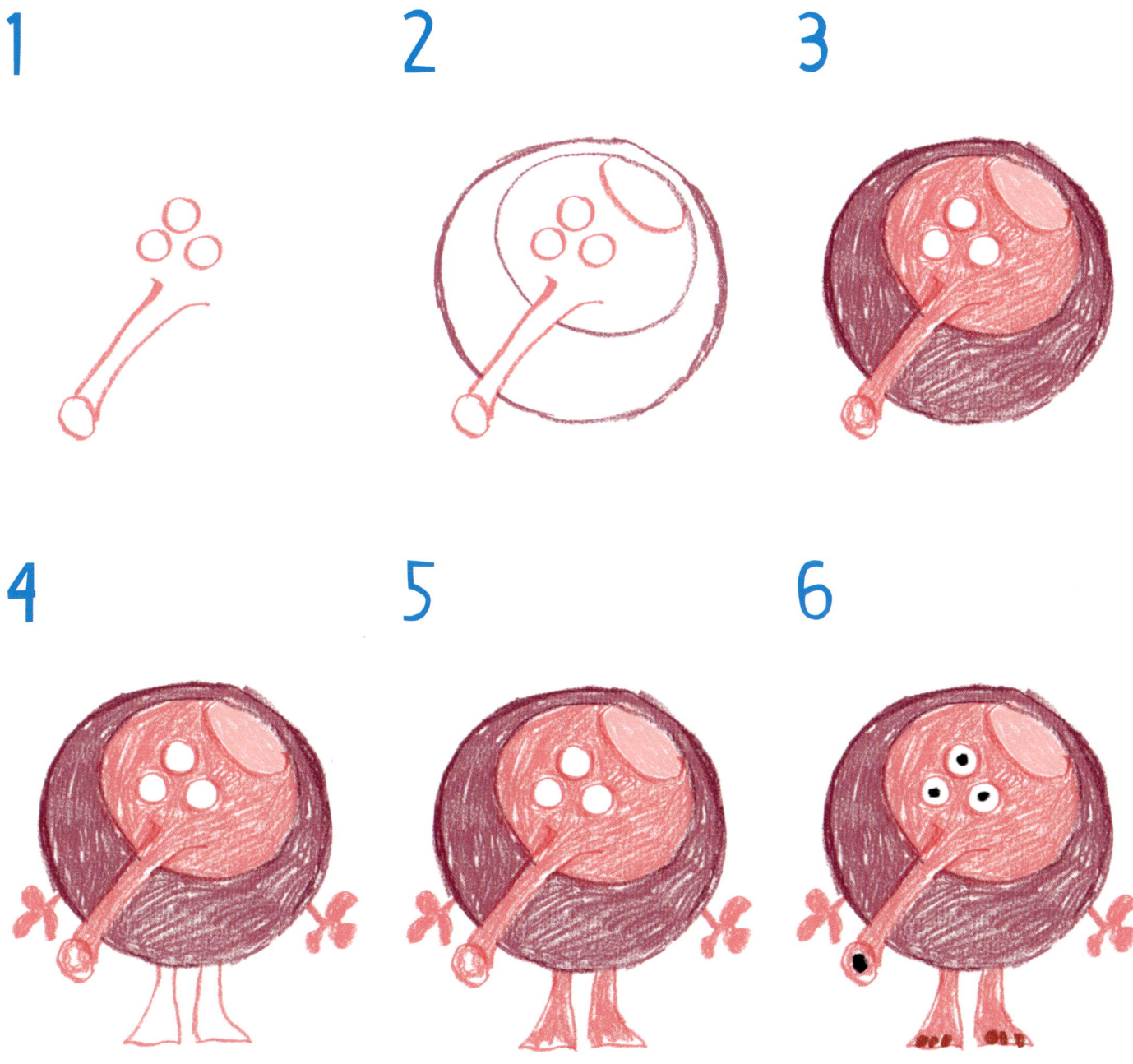

Glotznik

Der Glotznik lebt gern in der Nähe freundlicher und ruhiger Menschen. Er setzt sich dann in eine Ecke des Zimmers und schaut ihnen stundenlang dabei zu, wie sie ein Buch lesen oder ein Nickerchen machen. Das findet er total spannend. Ab und zu kann man den Glotznik zwinkern hören.

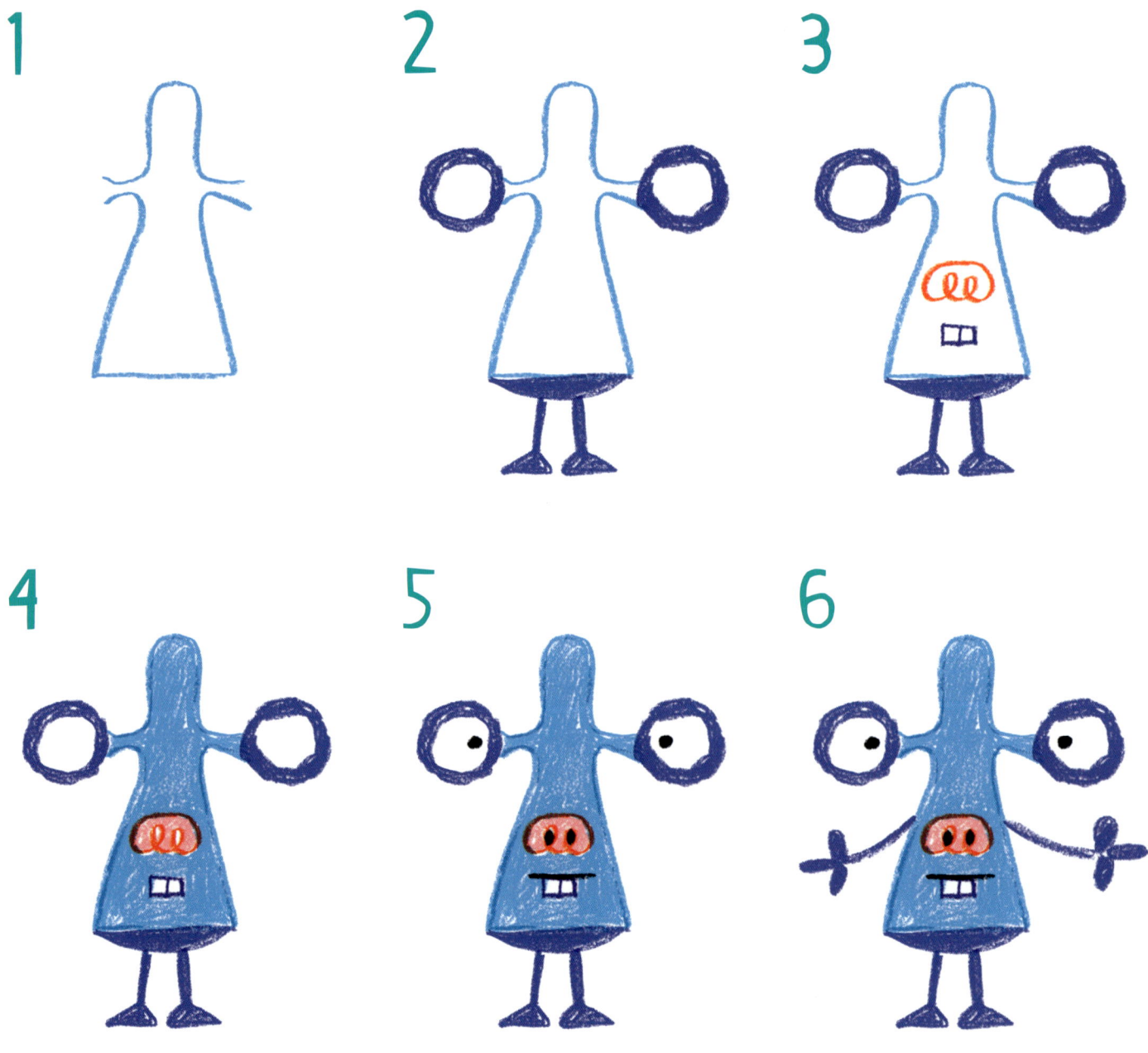

Muff

Ein Muff macht nicht viel, außer zu lauschen. Er hört beispielsweise gerne dem Regen beim Fallen oder den Blättern beim Rascheln zu. Damit es ganz still ist und er besser hören kann, hält er oft minutenlang die Luft an. Wenn er mit einem langen Seufzer wieder ausatmet, kannst du ihn hören.

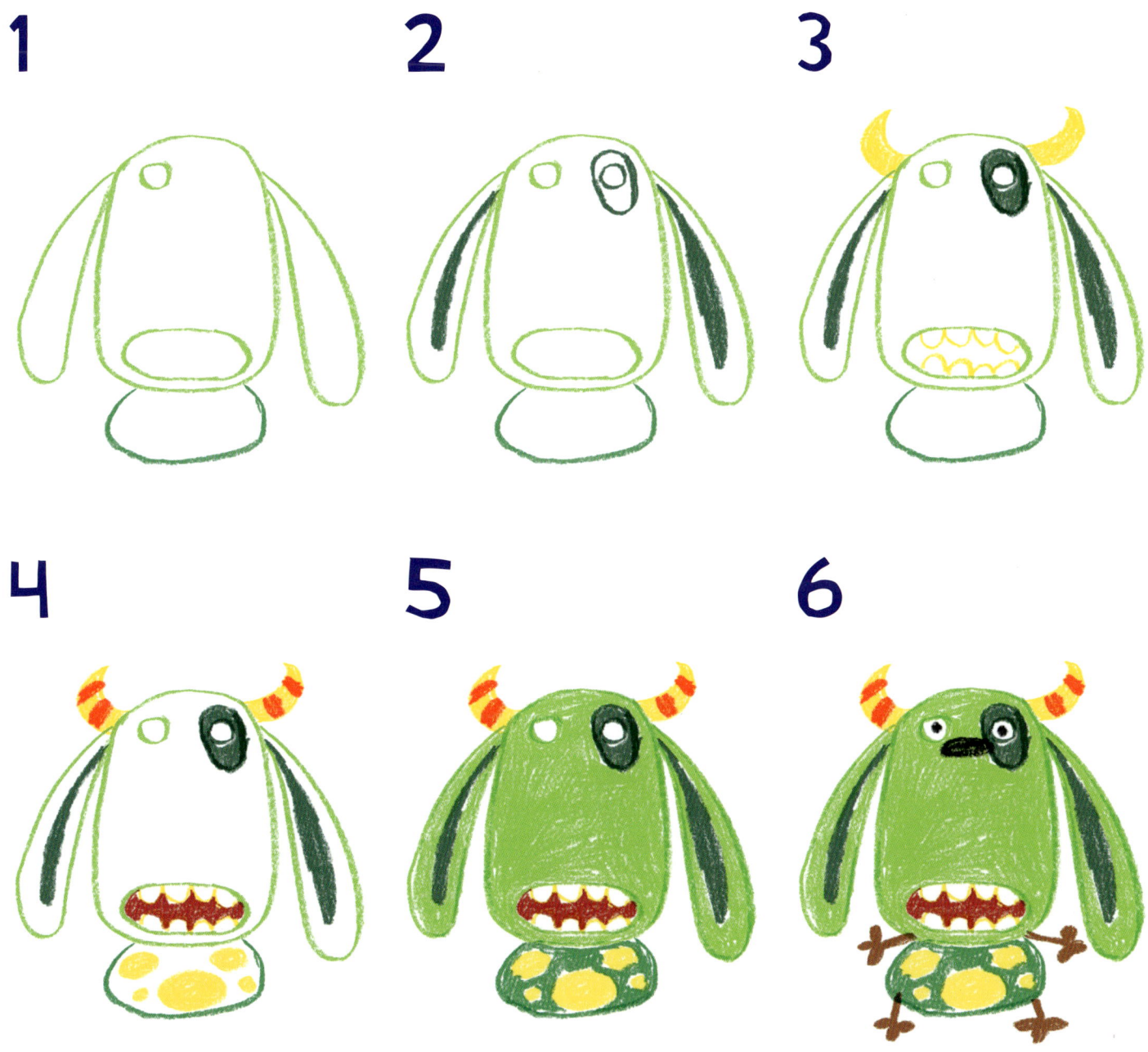

Suggepuk

Suggepuks sind sehr selbstbewusste Monster; sie fordern jeden, den sie treffen, zu einem Zwinkerwettbewerb heraus, auch dich! Dazu starren sie ihr Gegegnüber so lange mit ihren acht Augen an, bis einer von beiden blinzeln muss – derjenige hat dann verloren.

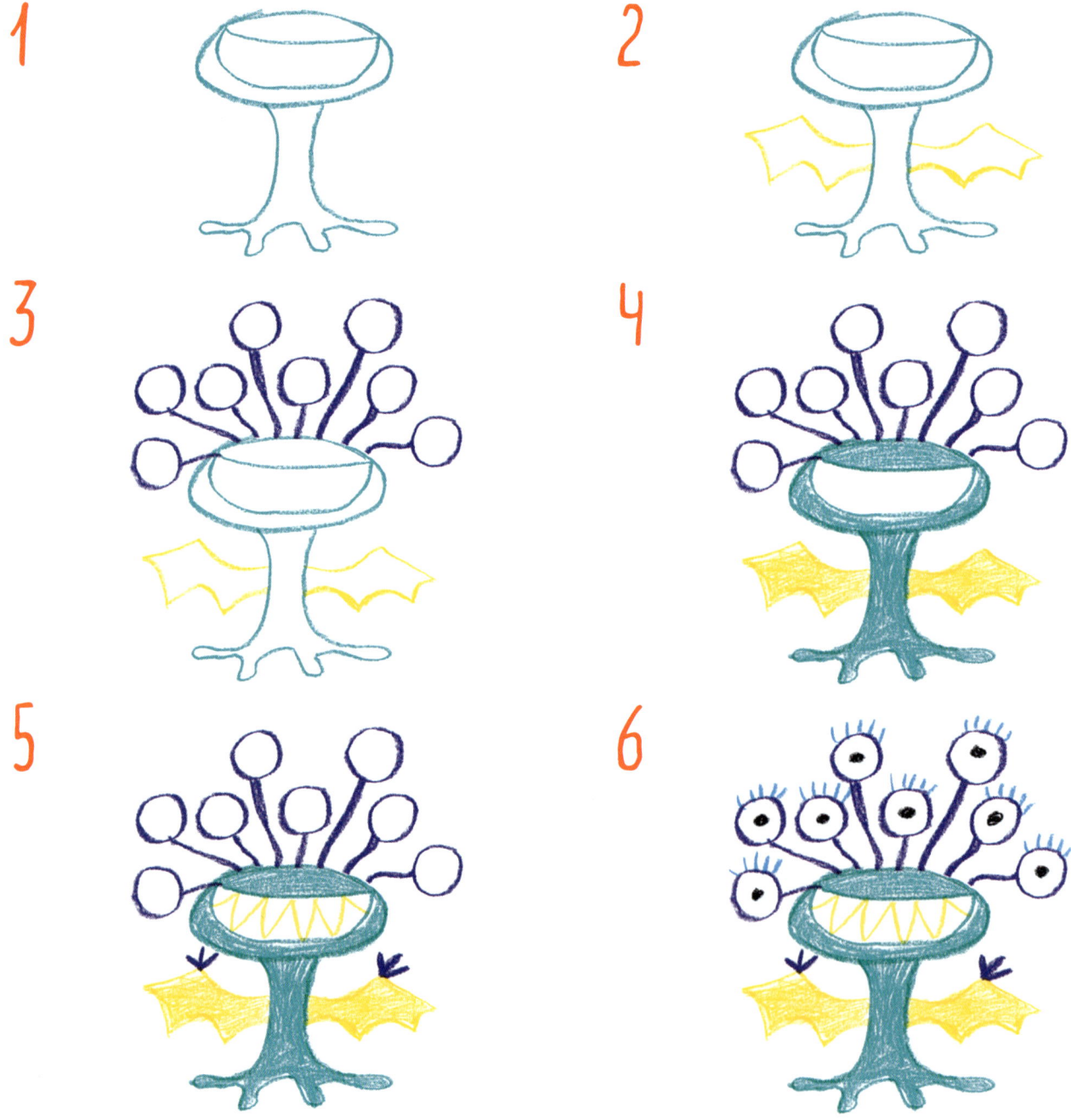

Plülps sind friedliche und stille Zeitgenossen und wollen eigentlich nur ihre Ruhe haben. Doch ihr großes Auge fordert vor allem Suggepuks dazu heraus, mit ihnen einen Zwinkerwettstreit anzufangen. Allerdings gewinnen die Plülps immer, denn sie blinzeln nie.

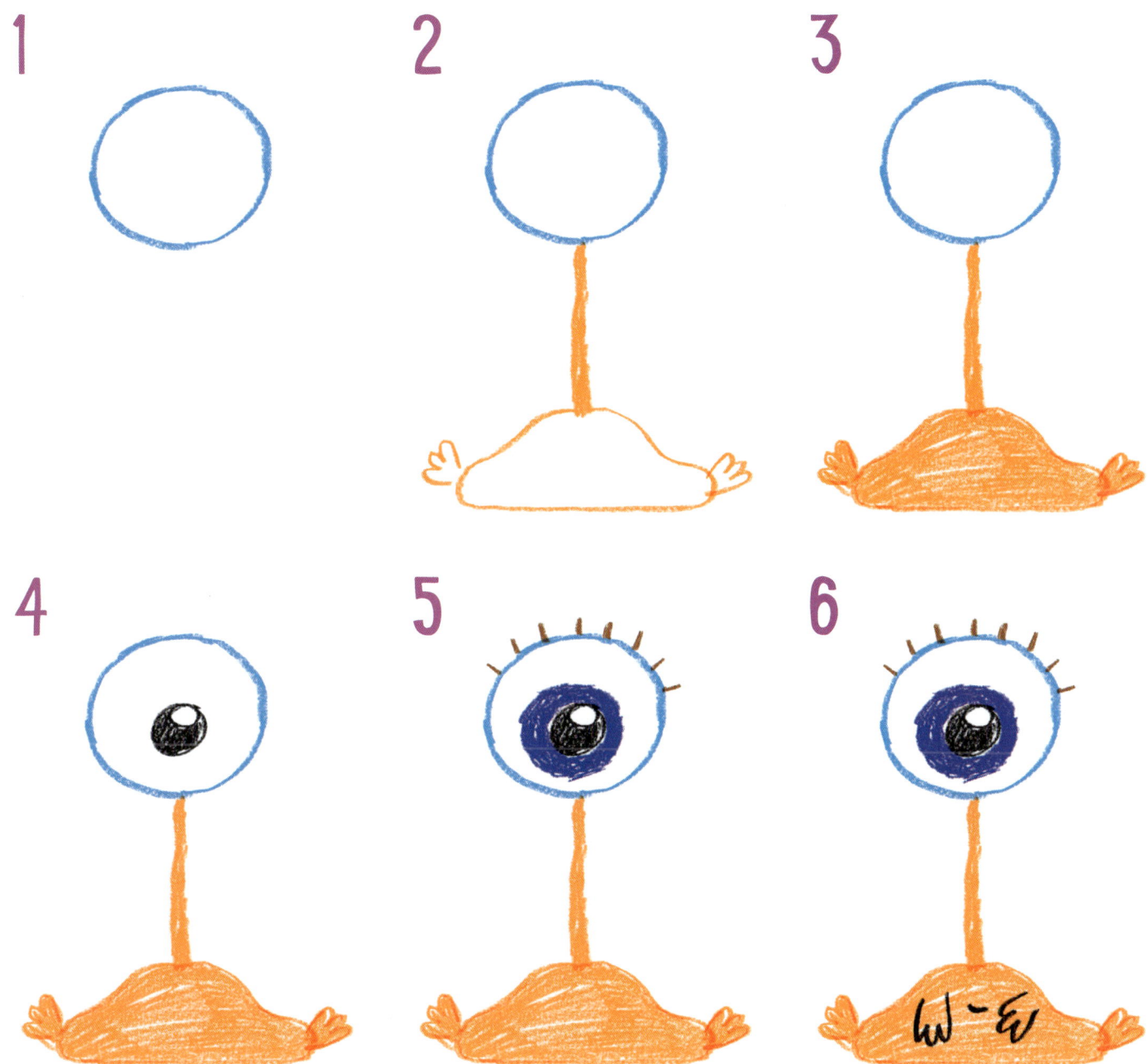

Kribbelkrabbel

Kribbelkrabbel wiegen fast nichts, sodass sie schon ein leiser Lufthauch schweben lässt. Sie lassen sich gerne auf Kindergesichter zutreiben, denn sie sind neugierig und wollen genau sehen, was in deinem Gesicht passiert. Dabei kitzeln sie dich dann in der Nase und in den Ohren.

Nasshasi

Nasshasis sind ein bisschen eklig, aber ansonsten harmlos und eigentlich sogar sehr lieb. Sie mögen Menschen und deren Träume. So kann es geschehen, dass ein Nasshasi nachts auf dein Kopfkissen krabbelt und an deinen Ohren leckt, um herauszuschmecken, was du gerade träumst.

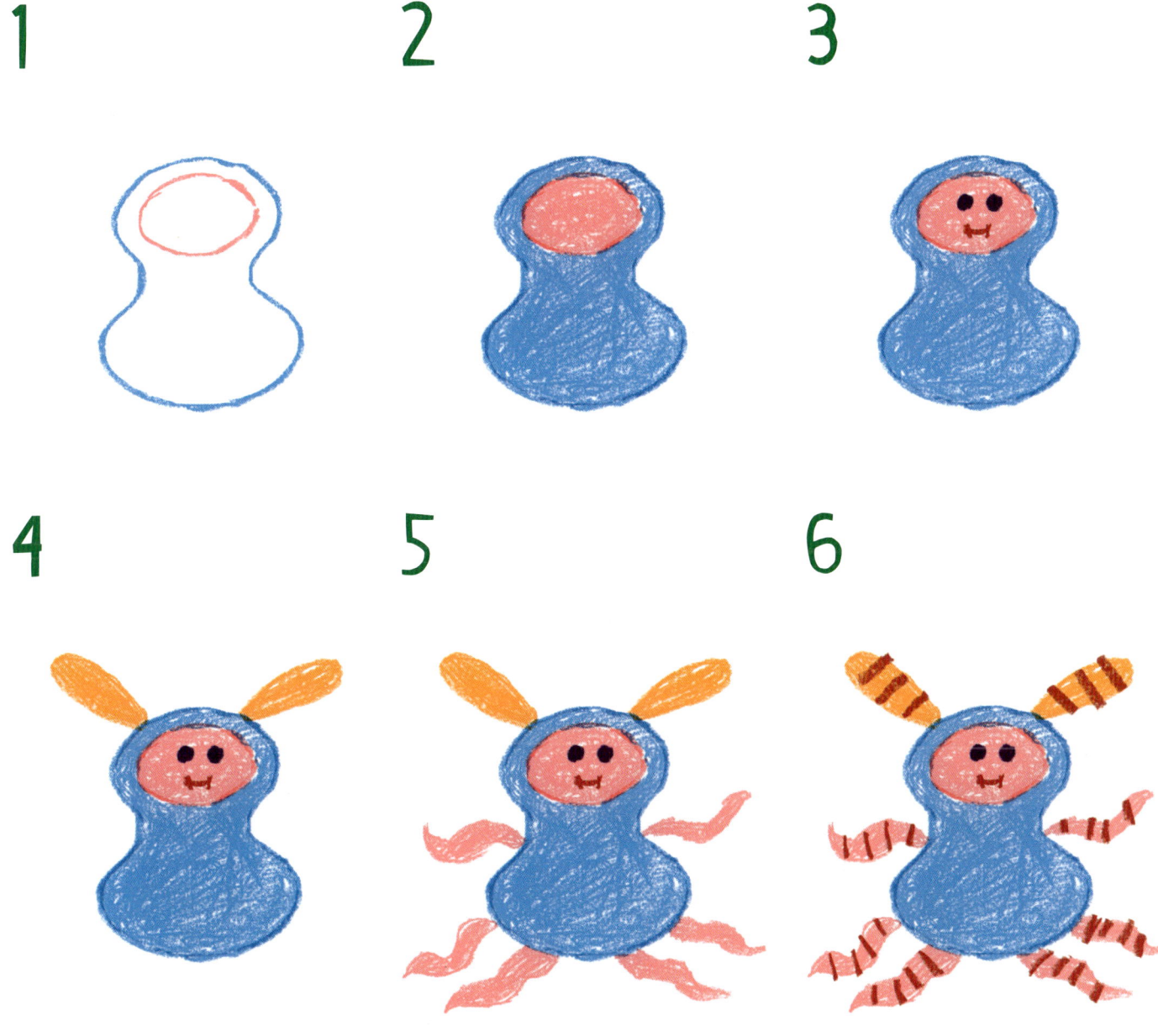

1

2

3

4

5

6

Gnipgnop

Wenn es um ihn herum sehr still ist, bleibt der Gnipgnop ganz ruhig. Doch leider reicht schon das leiseste Geräusch, um den Gnipgnop extrem nervös zu machen. Bis er sich wieder beruhigt hat, kaut er dann auf allem herum, was er findet – am liebsten auf Bleistiften und Strohhalmen.

Der Klebberick sieht nicht besonders gut. Dafür ist sein Geschmackssinn umso besser ausgebildet. So leckt er alles an, was sich in seiner Reichweite befindet, um so die Welt um sich herum wahrzunehmen. leider wird dabei alles, was er anleckt, auch ein bisschen klebrig.

Haumichel

Im Heizungsraum einer Schule ist es das ganze Jahr über schön warm. Das ist der Grund, warum der Haumichel hier sein Nest hat. Dort schläft er den ganzen Tag, nachts ist er dann unterwegs und sucht Hefte und Bücher, deren Seiten er verknicken kann, das macht ihm großen Spaß.

Für ein Klippklapp gibt es kein schöneres Geräusch als das Schnappen der eigenen Scheren, wenn es Löcher in Papier scheidet. Schau doch mal nach, ob du in deinen Malbüchern oder Schulheften ein Klippklapp findest. Dann kannst du es mit bunten Papierschnipseln herauslocken.

Kwaak

Wenn ein Kwaak sich Mühe gibt, kann es wunderschön dreistimmig singen. Meistens redet es aber bloß mit sich selbst und durcheinander, sodass man nur ein nerviges Gemurmel hört. Da ein Kwaak relativ klein und sehr scheu ist, findet man nichts, wenn man die Quelle des Gequassels sucht.

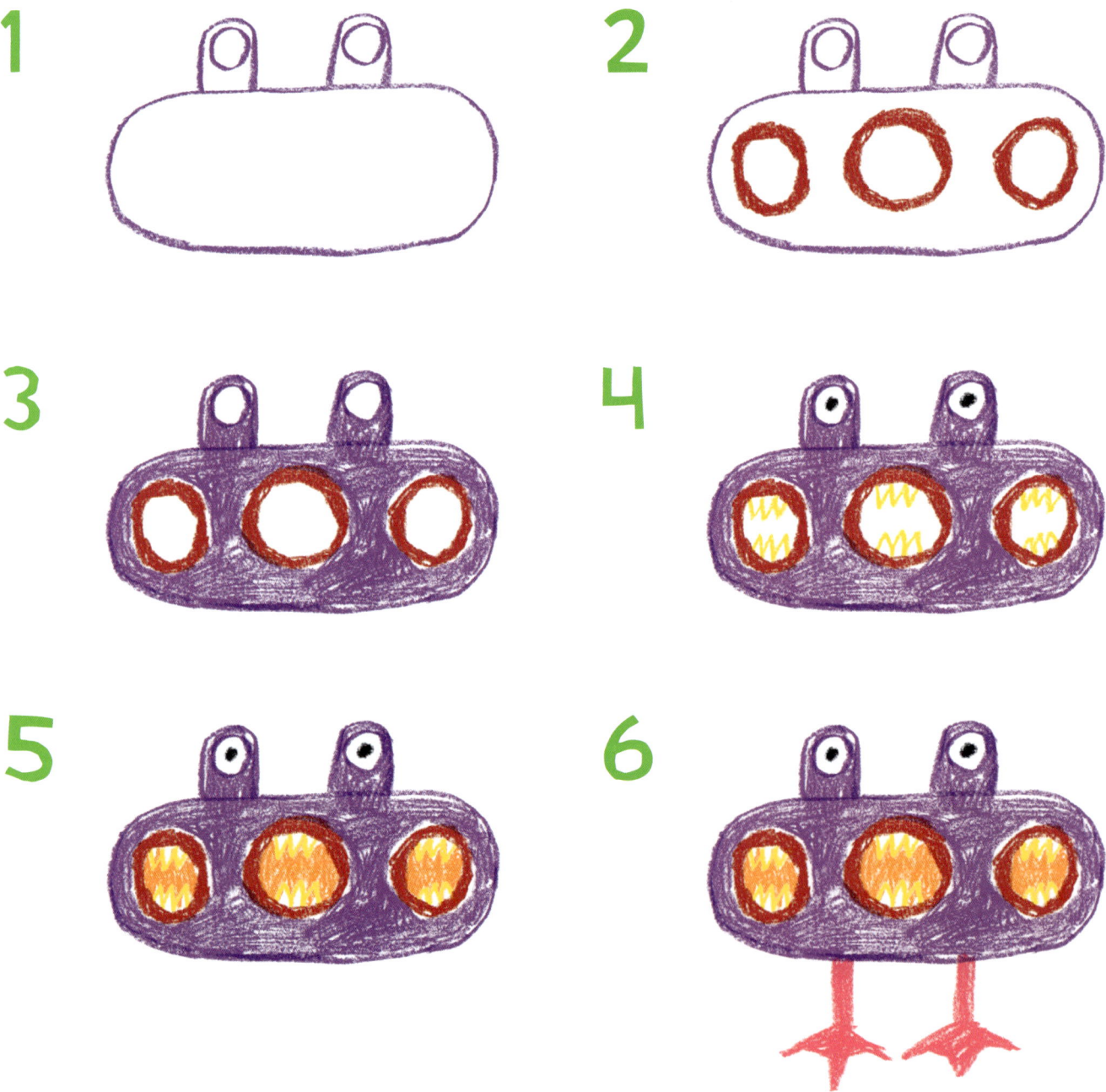

Quängl

Was macht „Pssst!" und zieht dich am Ärmel? Richtig, ein Quängl. Es hat leider ein ziemlich schlechtes Gedächtnis, darum kommt ihm das meiste, was es sieht, total neu vor. Und weil es sich so über seine Entdeckungen freut, will es sie dir (und allen, die in der Nähe sind) zeigen.

Wabbelblobbel

Das Wabbelblobbel findet man nur in Häusern mit Treppengeländern, weil es diese so gerne herunterrutscht. Dabei hinterlässt es allerdings einen durchsichtigen Schleimfilm auf dem Geländer, der auch nach Stunden noch feucht ist und sich eklig anfühlt, wenn man hineinfasst.

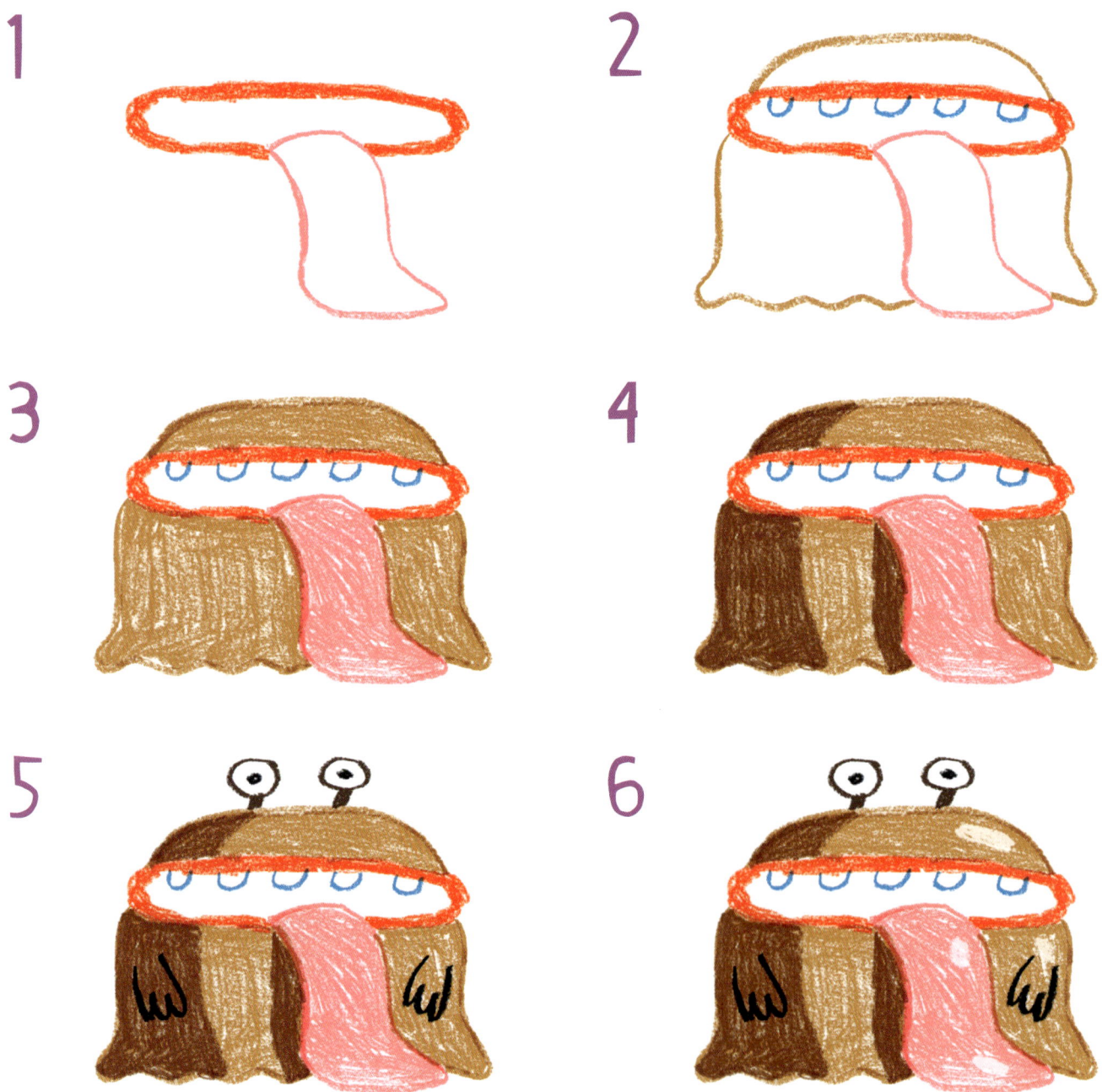

Dreihornblobbel

Der Dreihornblobbel lebt im Bad, denn dort kann er nachts nach Herzenslust auf dem gefliesten Boden herumrutschen. Falls er sich einmal so müdegerutscht hat, dass er an Ort und Stelle einschläft, muss man aufpassen, dass man sich am nächsten Morgen nicht an seinen spitzen Hörnern pikst.

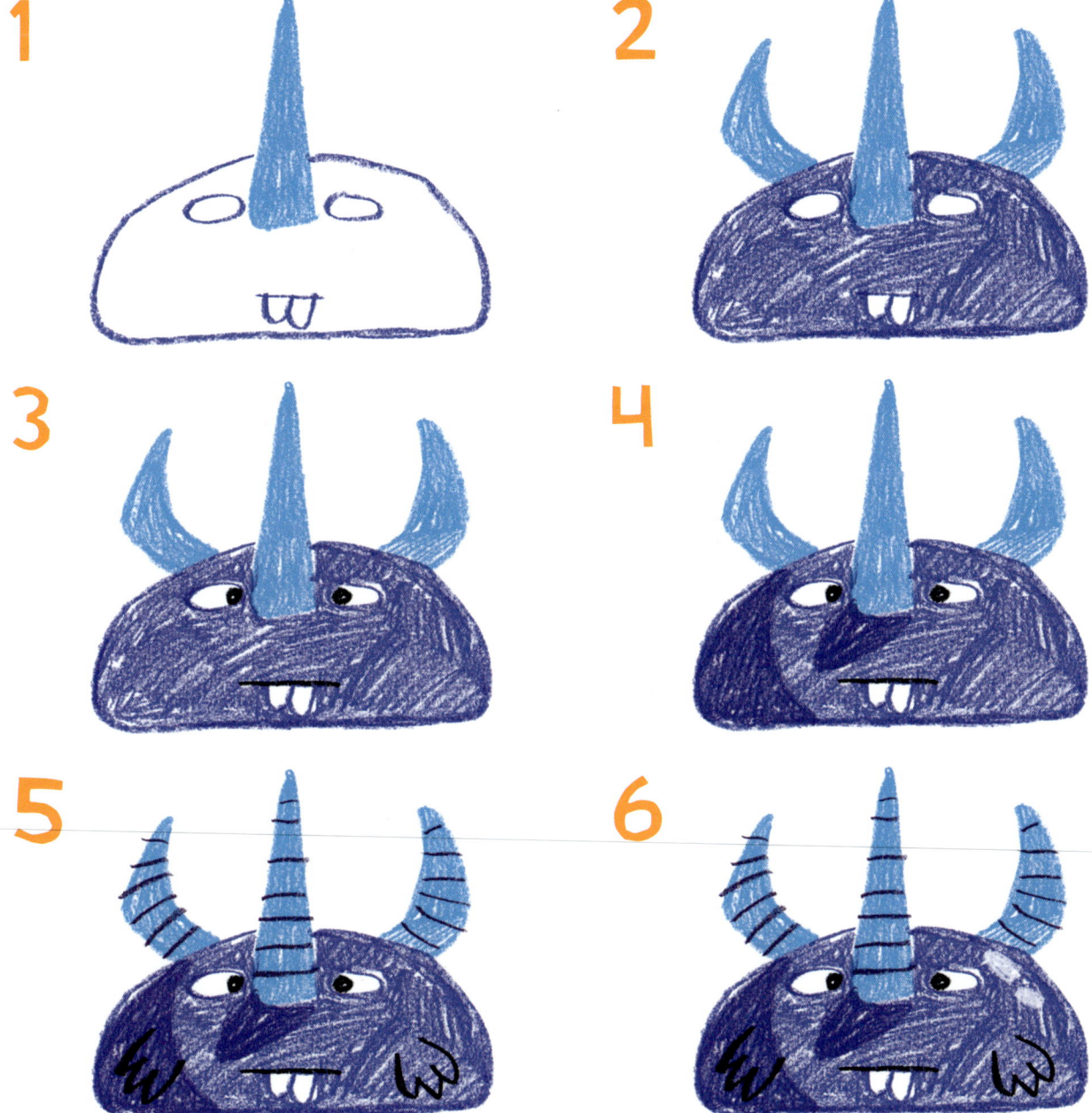

Flutschnase

Die Flutschnase ist an allen Badesträngen der Welt zu Hause. Es passiert schnell, dass man auf eine Flutschnase tritt, denn sie sieht sehr schlecht und schwimmt nie rechtzeitig davon. Aber sobald man ihren glitschigen Körper berührt, saust sie schnell ins tiefe Wasser.

Riesenrüssel

Wenn man an einem Strand baden kann, lebt dort auch der Riesenrüssel.
Er hält sich meist im knietiefen Wasser auf und saugt feinen Sand vom
Meeresboden auf, den er dann in alle Badehosen und -anzüge der Kinder
spült, die sich in seiner Nähe aufhalten.

Pipip

An den Stränden des Mittelmeers findet man das Pipip, das sich vor allem von Sand ernährt. Dabei ist es sehr wählerisch: Der Sand darf nicht zu trocken, aber auch nicht feucht sein, damit er ihm schmeckt. Auf der Suche nach dem richtigen Sand gräbt es überall tiefe Löcher in den Strand.

Waalrus

Der Waalrus schläft tagsüber im Dünengras an den Küsten der Nordsee-inseln. Wenn es in der Abenddämmerung etwas kühler wird, wird er wach und kommt an den Strand. Dann bereitet es ihm großes Vergnügen, Sand in alle Schuhe und Taschen zu schaufeln, die er am Strand finden kann.

Huibaschta

Die Huibaschta lebt an den Küsten von Nord- und Ostsee. Dort gräbt sie sich unter einem Strandkorb eine Wohnhöhle. Da sie nicht sehr reinlich ist, zieht ihr Geruch viele kleine Fliegen an. Wenn im Herbst die Strandkörbe abgeholt werden, wandert sie in den Wald und hält dort Winterschlaf.

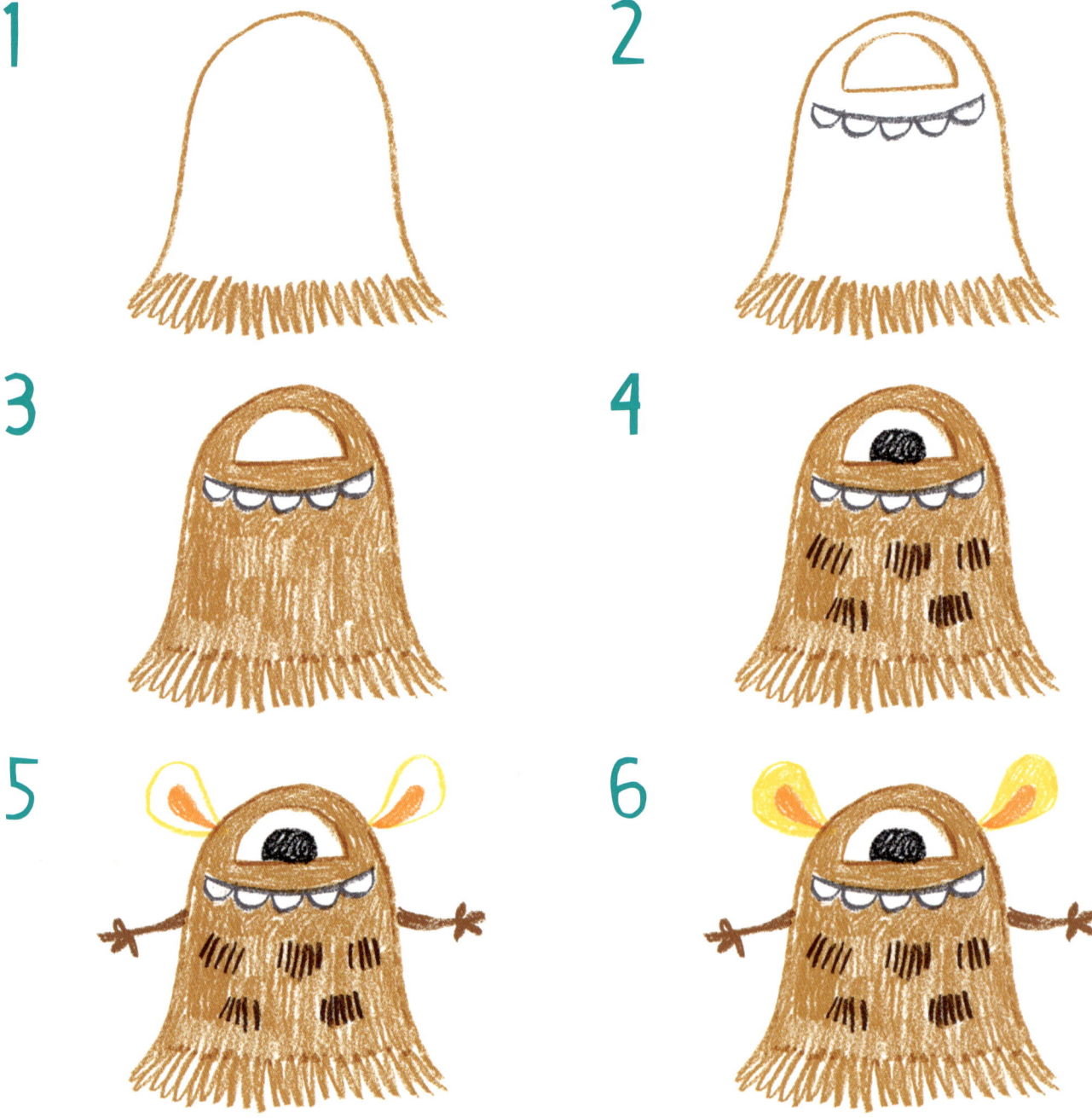

Slapetschka

Die Slapetschka tummelt sich in Wäldern und Parks. Von Schildern und Wegweisern wird sie magisch angezogen: Sie klettert und rutscht so lange darauf herum, bis diese total unleserlich sind oder umfallen. Dann interessiert sich die Slapetschka nicht mehr für sie und sucht sich ein neues Schild.

Zahlottl

Das Zahlottl ist ein Metallfresser. Am liebsten verschlingt es Kleingeld. Darum folgt es den Menschen auf Schritt und Tritt und nutzt jede Gelegenheit, um an deren Münzen zu kommen. Besonders mutige Zahlottls klettern sogar in die Hosentaschen von kleinen Kindern.

1

2

3

4

5

6

Pikabuh

Ein Pikabuh wäre am liebsten unsichtbar. Denn überall, wo das Pikabuh auftaucht, passieren kleine Missgeschicke: Ein Teller fällt vom Tisch, eine Vase wird umgestoßen oder ein Bleistift bricht ab. Darum will es hier ein für alle Mal klarstellen: Egal, was passiert ist – das Pikabuh war's nicht!

Tatütärä

Das Tatütärä macht gern Alarm und alle Menschen nervös. Bist du manchmal irgendwie unruhig, weil du dich fragst, ob du deine Hausaufgaben eingepackt hast? Oder ob du deine Schlüssel mitgenommen hast? Dann liegt es vielleicht daran, dass ein Tatütärä in der Nähe ist.

1

2

3

4

5

6

Jiik

Ein Jiik mag Menschen: Sie sind so schön warm und gemütlich. Darum klettern Jiiks auch ständig auf uns herum. Dabei sind sie sehr vorsichtig und setzen ihre kleinen Füße behutsam einen vor den anderen. Doch die Füßchen sind so fein, dass wir manchmal eine Gänsehaut davon bekommen.

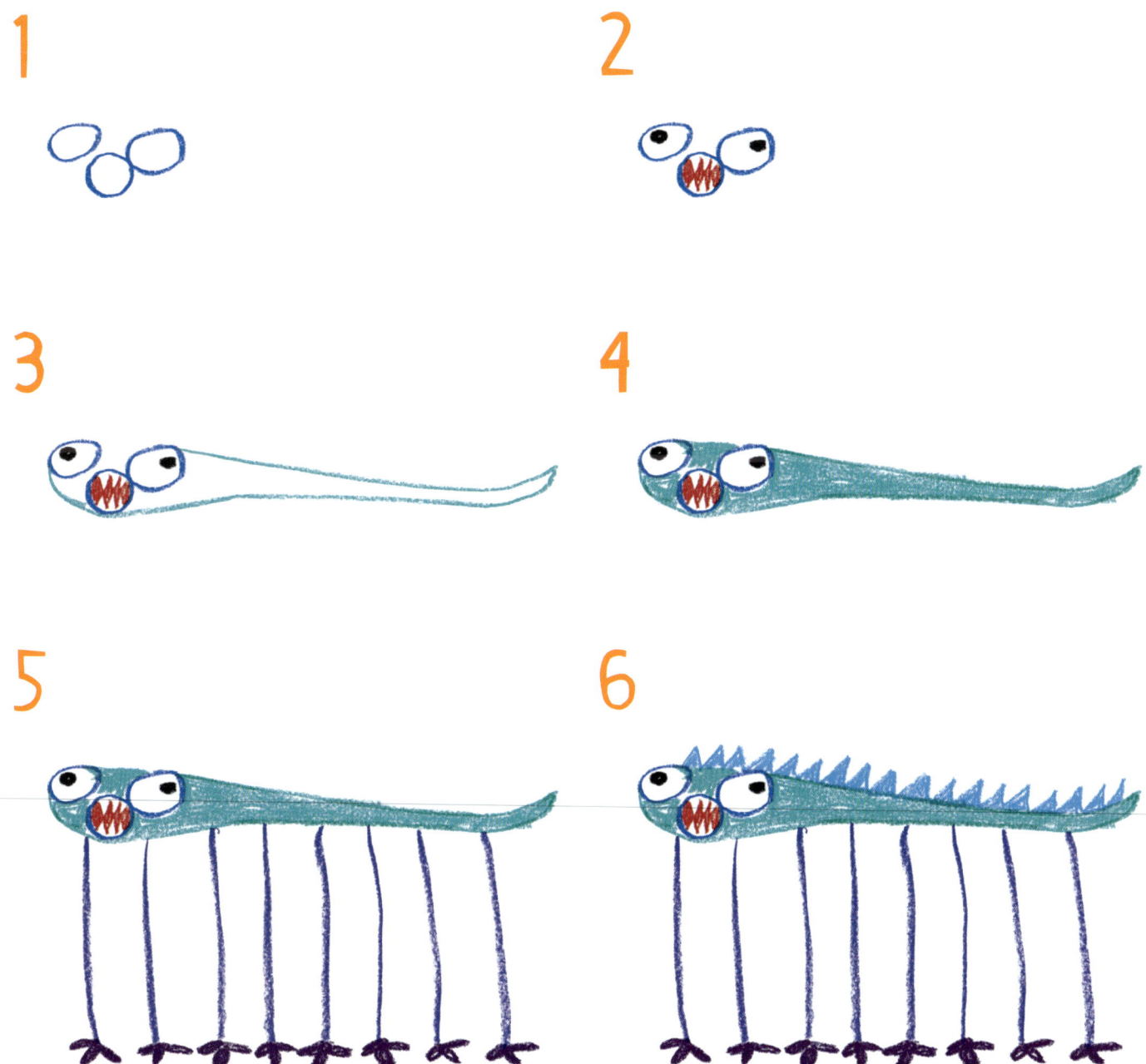

1

2

3

4

5

6

Tutsituu

Wenn unter deinem Bett weiche Dinge wie Socken oder Kuscheltiere herumliegen, siedelt sich dort gerne ein Tutsituu an. Nachts liegt es dort ganz still und glotzt in deine Träume hinein, weil es ziemlich neugierig ist und sehen will, was du im Traum für spannende Dinge erlebst.

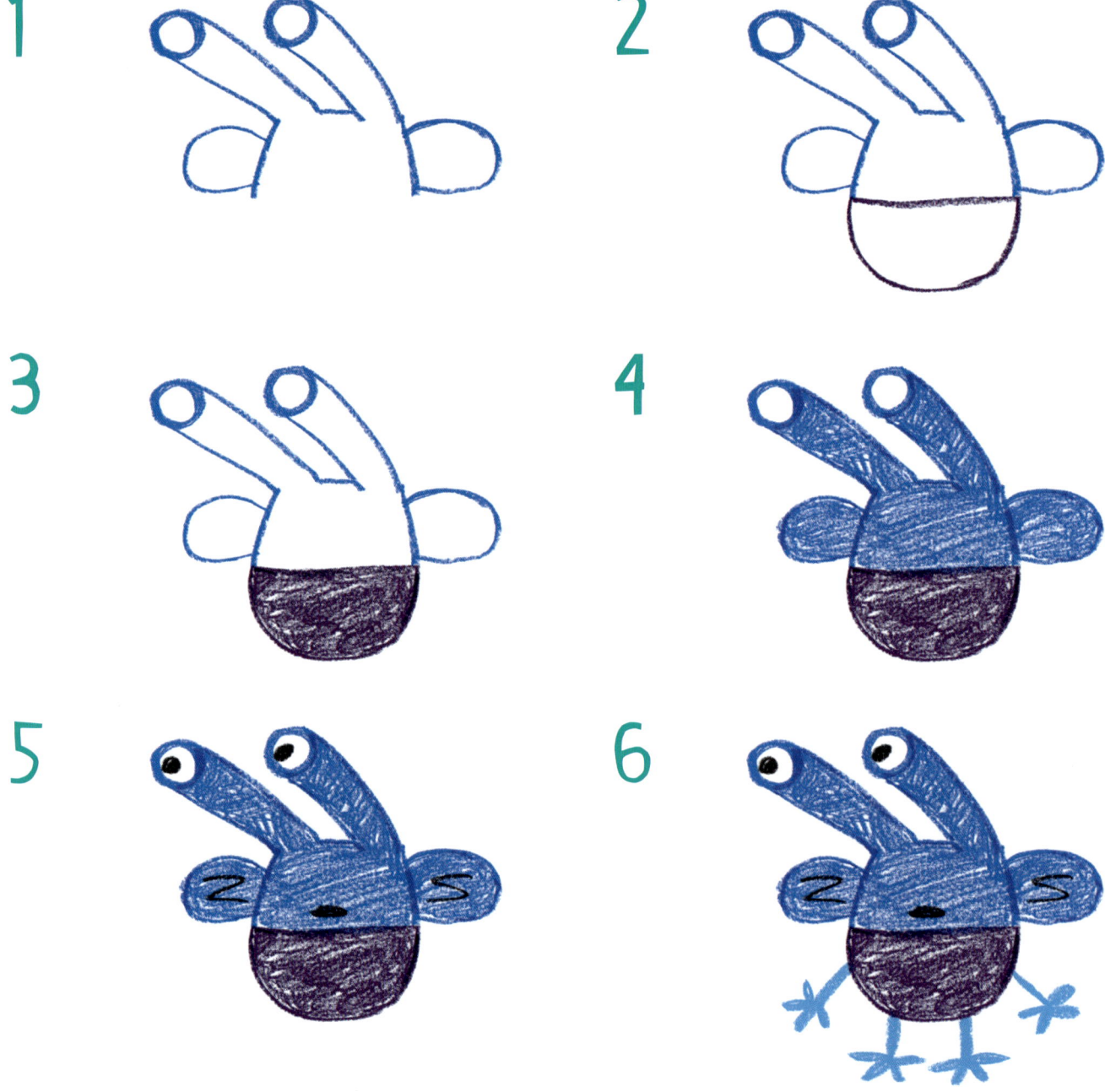

Huschipusch

Ein Huschipusch sucht sich eine Ecke im Kinderzimmer, von der aus es alles überblicken kann. Da richtet es sich häuslich ein und guckt dir aufmerksam beim Basteln und Malen zu. Wenn du dich umdrehst, weil du denkst, dass dich jemand anstarrt, zieht es seinen langen Hals ein und ist unsichtbar.

1

2

3

4

5

6

Killekalle

Kannst du dich selbst kitzeln? Nein? Das Killekalle kann das! Wenn es an nichts Besonderes denkt und seine Finger zufällig an seinen Bauch kommen, muss es kichern – und weiß gar nicht, warum. Und dann dauert es auch nicht lange, bis es sich schon wieder selbst gekitzelt hat.

Wasnoma

Ungefähr einmal in der Stunde pfeift ein Wasnoma vor sich hin. Das liegt an seinem schlechten Gedächtnis. Denn es hat immer das Gefühl, es müsste sich an etwas Besonderes erinnern. Wenn ihm dann etwas Besonderes einfällt, pfeift es vor Freude – und hat auch schon wieder alles vergessen.

Tralla

Hast du schon einmal einen Ohrwurm gehabt? Das ist eine Melodie, die du nicht mehr vergessen kannst, ganz gleich, wie sehr du dich auch bemühst. Das liegt an der Tralla, die dir dieses Lied immer wieder vorsingt, wenn du ganz kurz davor bist, es loszuwerden.

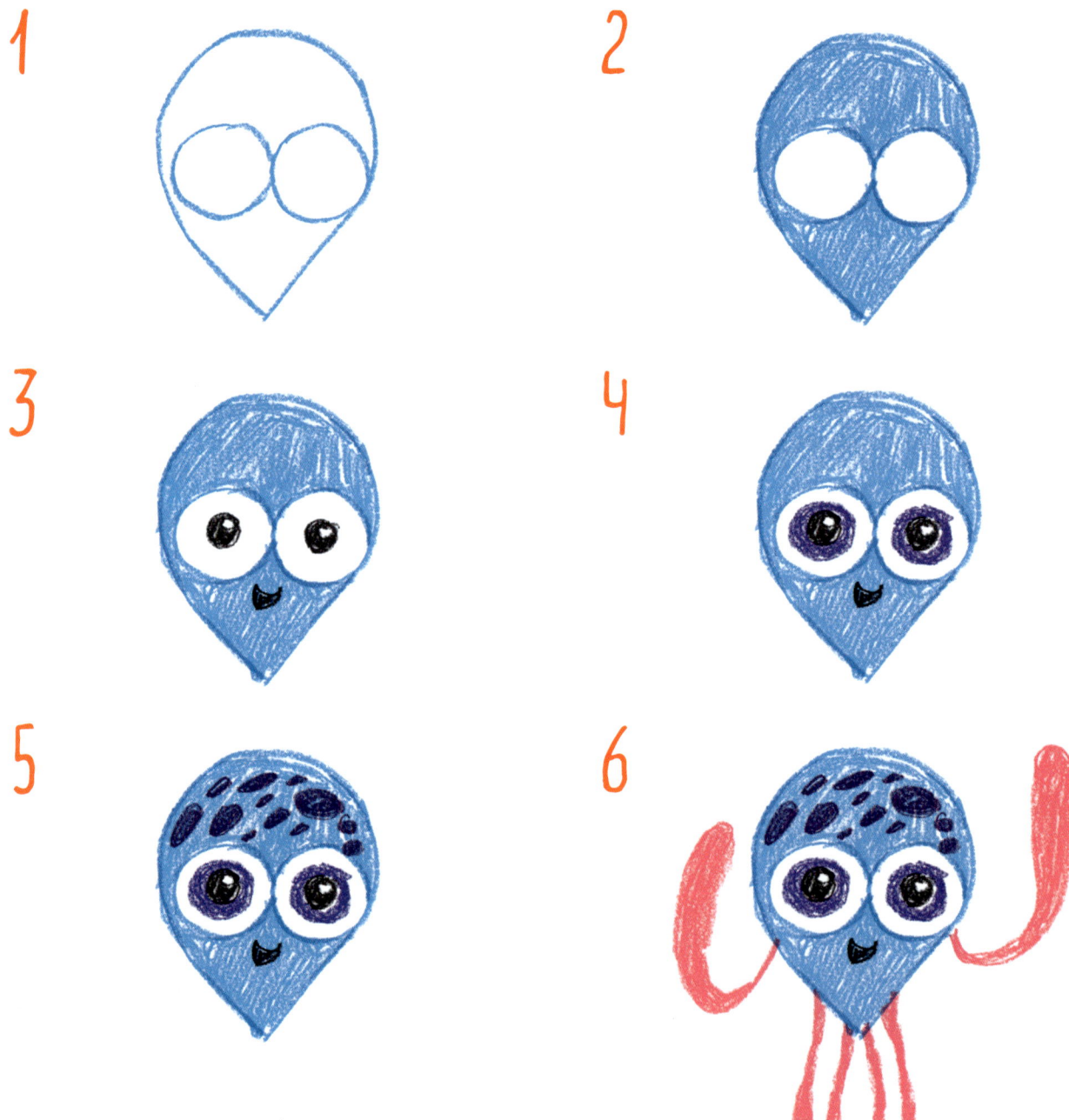

Trulla

Auch die Trulla singt gerne. Mit ihrer Hilfe kannst du einen Ohrwurm ganz
leicht wieder loswerden. lass sie dir einfach ein anderes lied vorsummen.
Sie kennt nämlich eine ganze Menge schöner Melodien. Das Problem ist
nur, dass du jetzt einen neuen Ohrwurm hast.

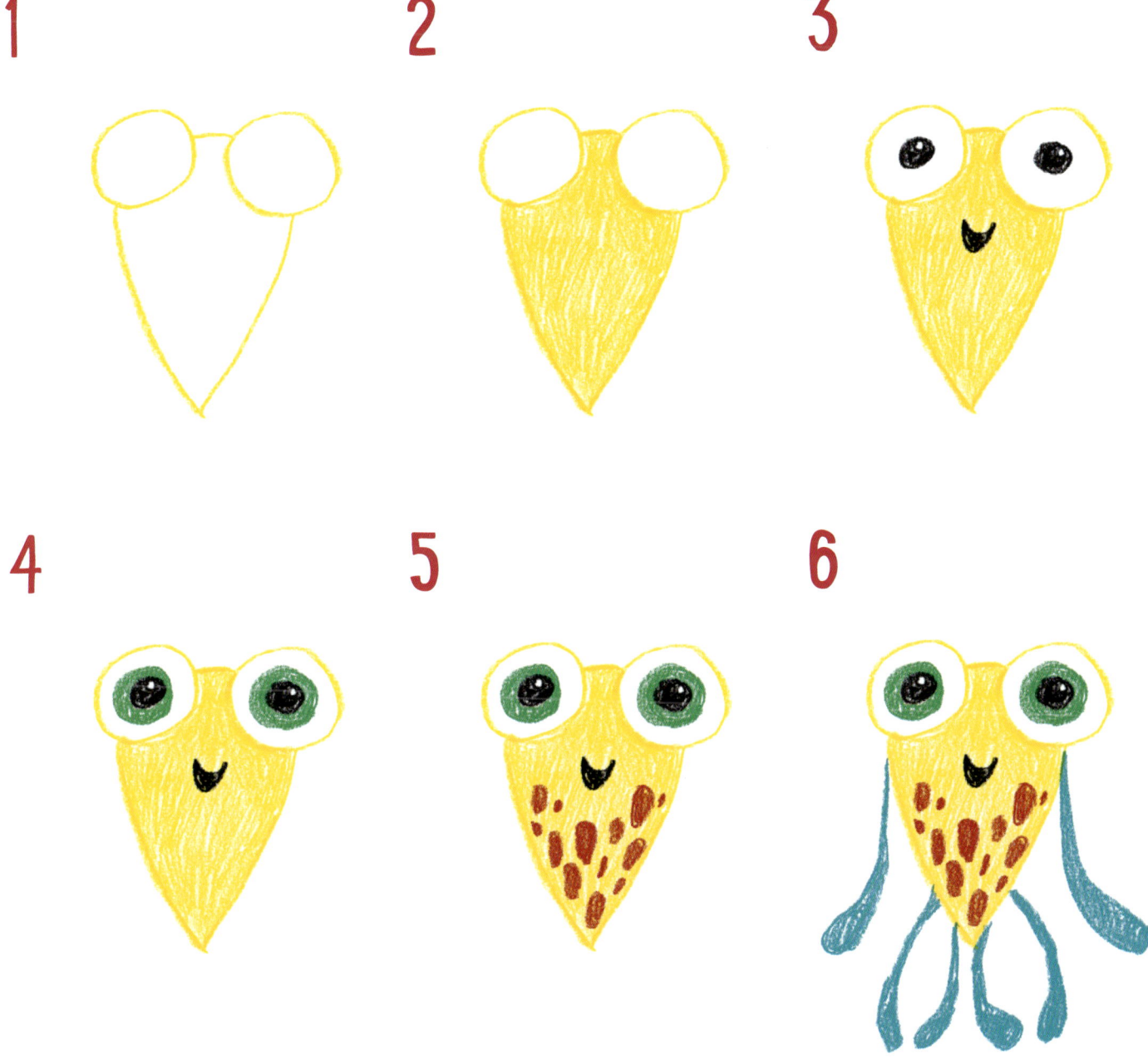

Forda

Irgendwo in deinem Kinderzimmer läuft wahrscheinlich ein Forda herum. Es will unbedingt ein Hinta finden, weiß aber nicht, wo es suchen soll. Immer, wenn es anfängt, darüber nachzudenken, wo so ein Hinta wohl sein könnte, wird es abgelenkt und beginnt von Neuem nachzudenken.

Hinta

Ein Hinta ist fast immer auf der Suche nach einem Forda. Es ist sich sicher, dass es gerade noch gewusst hat, wo ein Forda zu finden ist. Wenn es sich bloß erinnern könnte, woran es zuletzt gedacht hat, dann wäre das ganz einfach. Vielleicht weiß das Forda ja, was das Hinta gedacht hat.

Snelsnek

Das Snelsnek ernährt sich von Geduld. Dazu braucht es die Nähe von Menschen, die auf etwas warten. Hat es diese gefunden, macht es, dass die Zeit plötzlich ganz langsam vergeht. Dadurch verlieren alle Anwesenden ihre Geduld, die das Snelsnek dann aufsammelt und in sein Nest trägt.

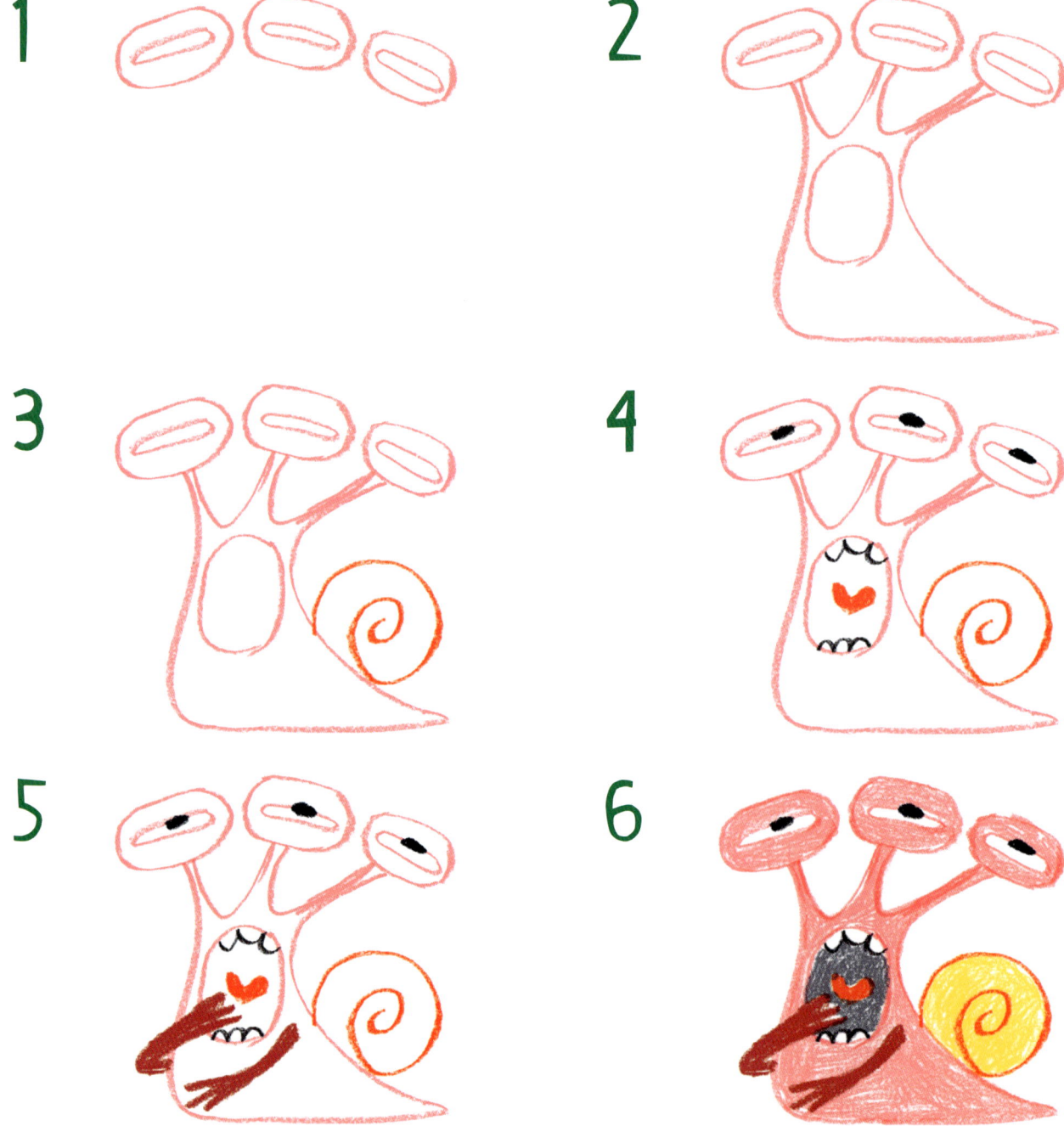

Anderthalb

Das Anderthalb kommt fast überall auf der Welt vor und ist vor allem mit sich selbst beschäftigt. Weil es will, was es eigentlich nicht will, oder vielmehr nicht weiß, was es zuerst wollen soll, oder auch, weil das, was es will, erst noch gewollt werden muss, kommt es nicht von der Stelle.

Lieblingshelden stempeln

96 Seiten, durchgehend farbig bebildert
ISBN 978-3-8094-3995-0

Aus simplen Fingerabdrücken werden im Nu die Bremer Stadtmusikanten, Peter Pan, Schneewittchen oder Pinocchio. Jedem Klassiker sind ein kurzer Text und eine kleine Szenerie vorangestellt, bevor die Schritt-für-Schritt-Anleitungen zum Selberstempeln folgen. Man braucht nur ein Blatt Papier, verschiedene Stempelfarben, einen Stift und die eigenen Finger. Damit die kleinen Künstler ab 5 Jahren gleich loslegen können, sind dem Anleitungsbuch acht getestete Stempelfarben beigelegt.

www.bassermann-verlag.de

Besuchen Sie uns auch auf